시가 열리는 과수원

윤 인 자 제3시집

시와사람

윤인자 시인

시가 열리는 과수원

■ 시인의 말

세월의 노를 저어 뭍에서 섬으로
이화 꽃 환한 선창가 어느 봄날

햇볕과 비 그리고 해풍을 맞으며
배나무 과수원에 잡초처럼 앉아 있다.

과수원에서 바라보는 서녘 하늘
붉은 황혼 빛이 오늘따라 곱다.

3번째 시집을 펴낸다.

사랑하는 아들, 딸들아,
그리고 여보!

이만하면 자랑스러운 엄마와 아내가 아닌가?
함께 행복하고 즐거워 해주기를......,

사랑해!

2022년 칠월
윤인자

시가 열리는 과수원/ 차례

1 섬

2 쓰레기에 꽃이 피다

3 젖은 하루

4 수선집 여자

5 친정집

1

섬

섬

스스로 감옥에 갇히기 위해
비린 아침이 출렁이는 압해도 송공항에서
순번을 기다리는 차들이 꼬리를 문다
한 시간 전에 떠난 배는 소식이 없고
섬으로 가는 사람들은
마음만 섬으로 보내고
몸은 송공항에 묶여 있어도
섬사람들은 느긋하다
고립과 유폐에 익숙한 사람들은
아무리 바빠도 빨리빨리는 없다
태풍주의보라도 내린 날에는
발길을 돌려 해제될 때까지
사나흘 쯤 기다리는 것은 아무것도 아니다
뱃길로 20분 또는 한두 시간 거리
매화도, 고이도, 하의도, 신의도,
장산도, 도초도, 비금도, 흑산도
바다 건너 불빛 깜빡거려도
건널 수 없는 바다
그들에게 섬은 익숙한 감옥이다
오래 몸에 밴 자유이다.

바다

칠월의 햇살만큼 뜨거운 열정
장맛비 맞으며 파란 물들인 들녘
옥수수 이파리 부비는 소리 참 좋다

불평 없이 들어오고 나가는 바닷물
넘치거나 부족함 없이 변함없는
그의 묵묵함을 배워보아라

내 삶 고달프다고 구시렁구시렁
푸념을 늘어놓아도 바다를 안주삼아
참고 살라한다

내 투정 다 받아 바다에 투척이는 파도 소리
날마다 두 번씩 되돌이표 찍어가며
파도는 철썩철썩 노래를 부른다.

송공항 어판장

압해도 송공항 어판장에
비린내 나는 물고기들의 언어가 팔딱거린다.
새빨간 아가미가 깔딱깔딱 가쁜 숨을 몰아쉰다
바다를 물고 온 생선들이 물을 뿜어내면
파도는 경매장 바닥에서 부서진다
그물에 걸린 숭어, 돔, 병어들이
나무토막처럼 바닥에 쌓여 지느러미를 열어
값을 부르는 중매인의 외침을 듣는다
생을 저당 잡혀 어디로 팔려갈지
큰 눈을 끔벅끔벅
갯바람에 몸을 말리고 얼음에 묻혀서
행선지도 모르면서 몸값을 거두고 있다.

활어

고깃배가 들어온 조금날
횟집들이 즐비한 송공항 위판장에는
활어차들이 줄을 선다

바다에서 잡혀 온
겁에 질린 활어들이 뻐끔뻐끔
아가미로 숨을 가쁘게 쉬며
수족관 아래 가라앉아 긴장해 있다

탈출구를 찾다가 반항하듯 힘껏 뛰어보지만
미식가들의 눈과 마주치면
뜰채에 건져져 도마 위에 오른다.

부레 가득 슬픔을 삼키며
지느러미 파드닥, 마지막 바다를 토하며
잘려나간 꼬리가 파르르 떤다
감지 못한 눈은 그리운 바다를 본다.

시가 열리는 과수원

작년 봄, 과수원 펜스에서의 시화전
행사가 끝나고 방치된 시화(詩畫)가 바람에 찢겨져
공중에서 한바탕 돌다가
배나무 밭에 처박혀 있을 때
회오리바람 한 자락에 폴짝 뛰어
배나무에 목을 매고 허수아비 되어
고개를 갸우뚱, 춤을 춘다
과수원 옆 플라타너스에 세 들어 사는
까치 한 쌍이 묵은 집을 보수하느라 분주한 아침,
삭정이 나무 가지를 물어 나르며
연장도 없이 부리와 발로 뚝딱뚝딱
자르고 부치고 다시 허물며
온종일 오르락내리락 바쁘다
배나무에 걸린 시화전 헝겊 조각
입으로 물고 발로 잡고 쭉 찢어 물고 올라가
이리저리 걸쳤다 깔았다 야단법석인데
커튼을 치는지 방석을 만드는지 분주하다
금방 새 가족이 생기려나보다
시가 까치집이 되고 시가 열리는 배과수원
까치들 소식이 궁금하다.

묵정밭

버려진 땅
지경을 넓혀 가는 잡초들
가끔 나비와 벌들이 날아들고
새들도 드나드는 잡초 밭
봄, 여름, 가을, 겨울 수없이 다녀가고
인근 과수원엔 배꽃이 팝콘처럼 톡톡 터지고
논엔 가둔 물은 호수처럼 맑고
위쪽 밭은 갈아엎어 씨를 들이는데
이 묵정밭에는 무엇을 심어야 하나
땅 주인은
담배 한 대 꼬나물고
연기만 뻐끔뻐끔 뱉어 내며 설계 중
전원주택을 지어볼까?
유실수를 심어볼까?
하루 종일 밭가를 서성이며
담배만 한 갑을 다 태우고
빈 담뱃갑 구겨서 홱 던진다.

과수원에서

-배나무

맨 몸으로 함박눈 맞고 있는
배나무 과수원을 바라보면
젊은 날이 보인다
새색시 드레스에 수놓은 희고 예쁜 배꽃
여름날 푸른 잎으로 청춘을 함께한 이파리
무성한 가지마다 열매를 달고
가지가 휘도록 열매를 키우던
설렘과 기다림으로 맞은 가을
다디단 맛으로 풍년의 웃음을 안겨준 나무
다시 뚝뚝 지는 낙엽을 바라보며
서녘 하늘 붉은 노을처럼 붉어진 눈시울
까닭 없이 눈물이 핑 도는 것은
쏜살처럼 흘러간 세월에
내 젊음을 과수원에 묻어두고
저 빈 나무처럼 멍하니 서있다.

농번기

고양이 손도 빌리고
부지깽이도 한몫을 한다는 농번기
삼천 평이 넘는 넓은 과수원에
배 봉지 씌우는 일손들이 모여
침묵 속에 배 봉지 궁둥이 치는 소리
퍽 퍽 바람을 타고 넘는다

뜨거운 햇볕의 파편이 알알이 부서져
과수원에 내려앉고 더디기만 한 하루
해 뜨기 전부터 해가 진 한참 후까지
무려 14시간의 노동
그저 동트면 나갔다가 땅거미가 들면
집에 들어와 때늦은 저녁을 먹는다

씻을 기운도 없이 밥상 주섬주섬 물리고
내일을 위해 고단한 하루의 전원을 끈다.

손

과수원에서 일하다가 사다리에서 떨어졌다
잠깐 방심하다 발을 헛디뎌
바닥으로 넘어지면서 짚은 손목 삐끗 접질렸다
힘을 쓰고 손을 쓸 때마다 인상이 써지고
아이고 소리가 나도 모르게 나온다
식구들의 식사며 빨래며 청소하면서도 몰랐다
온갖 잡일을 시키고 부려먹으면서도 알지 못했다
노동판 불도저 포클레인 같은 천덕꾸러기 일꾼
아프거나 다쳐도 안 되고 쉴 수도 없는
내 손은 내 것이 아니다
농기구이거나 세탁기이거나
조리사이고 행랑채의 머슴이다.

팔월

긴 장마가 걷히고 땡볕이 시작이다
사과나무에 해가 걸쳐 앉아 있고
사과에 맛이 들어찬다
이파리에 가려진 열매들
얼굴을 내밀며 햇볕을 쬐고 있다
날마다 비에 젖어 비를 핥던 기억이 아프다
햇빛이 간절했던 긴 시간들
짓무르고 썩어져 버려지고 떨어지고
팔월의 장마에 견뎌낸 고단한 과수원
장마가 그치자 햇살처럼 환해지는데
사과는 둥근 해를 닮아간다
가을의 기별을 알리는 고추잠자리
붉은 사과밭으로 영글어 주기를
잠시 날개를 모으고 기도한다.

새봄

해마다 오는 너를
언제나 새봄이라 부른다
봄을 환영하는 아침 까치 지저귀는 소리
과수원 긴 골을 흔들어 깨운다
늦장을 부린 하현달 지기 전에
동녘 하늘이 붉어온다
민들레, 냉이, 쑥, 나물들이
대지에 푸른 양탄자를 깔고
잡초들이 과수원 고랑을 덮어버렸다
탱자나무 울타리엔 지난여름을
화려하게 피워냈던 박주가리가
미처 떨쳐내지 못한 씨앗들을
후~ 바람에 날려 보내고 있다
계절 따라 꽃들은 순서대로 피우건만
새봄이 와도 멀리 떠나간
내 동무는 소식이 없다.

겨울 공원

뼛속까지 찬바람 스며들고
무료한 하루해는 왜 그리 긴지
한낮의 겨울 공원은 한산하기 그지없다
생각의 푸념과 혼자 중얼거림을 들었는지
사는 게 다 그런 거라고,
공원의 나무들이 말을 걸어온다

아직 해는 서산에 남아있는데
등 굽은 초승달이 하늘에 외롭게 떠있다
자전거타기, 줄넘기, 공차기
한바탕 시끄럽게 놀던 아이들
해질녘 집으로 돌아가고

하나 둘 가로등이 눈을 뜬다
건너편 포장마차엔 하루의 노동을 끝낸 사람들
삼삼오오 짝을 지어 한 잔 술로 하루를 엮는다
홀로 남은 배부른 고양이 벤치에 누워 하품을 하는데
공원에 남겨진 마음 한 자락

잠을 설치는 바람에 창문이 덜커덩대고 뒤척이는 밤
달려드는 한기에 이불을 끌어당겨도
눈을 감고 잠을 청해 보는데 잠은 오지 않고
공원 벤치에 산달이 된 고양이만 눈에 어린다.

고욤나무

어디서 왔는지
과수원 한 귀퉁이에
낯선 나무 한 그루
언제부턴가 한자리 차지하고 있다
여름 원피스에 새겨진 물방울 닮은
작은 꽃들이 5월이면 피어나는데,
배나무들이 말을 건넨다
너 누구니?
나도 감나무야!
지나가던 바람이 웃는다
키에 맞지 않게 열매를 다닥다닥 달고
일찍 잎 떨어뜨리고 삭정이 같은 가지에
할머니의 쪼그라진 젖꼭지마냥
까맣게 엉겨붙어 진액을 빨고 있다.

과수원에서

- 간벌

배나무 그루터기 톱날에 베어져
힘없이 땅바닥에 드러눕는다
남은 밑동 언저리에 운지버섯 층층이
꽃송이처럼 활짝 피어있다

밀식 재배로 욕심껏 촘촘히 심었다가
자라면서 가지가 서로 엉겨, 솎아내니
여기저기 나뒹구는 땔감들
칼바람에 동상 들고 태풍에 팔이 부러지면서도
주렁주렁 열매를 맺어
자식들 먹이고 입히고 대학까지 가르쳤다

땡볕에 데고 까치에게 물어 뜯겨도
묵묵히 가장 노릇을 다했는데
이제 쓸모없다고 톱날을 들이대자
마지막 땔감으로 제 몸까지 내놓는다.

낙지잡이

도시에서 명퇴를 하고
홀로 고향으로 돌아와 주낙배를 샀다

세 식구의 생명줄만큼이나 가늘고 긴 노끈 줄에
꿈틀대는 칠게를 고리에 꿰어
가닥가닥 매달아 낙지잡이 채비를 한다

바람 불어 어제도 공쳤다
불안한 앞날이 잘 보이지 않는 것처럼
안개 낀 바다 건너 유달산 조명등이 흐릿하다
오늘도 공치면 가족들 생활이 위태롭다

하늘을 쳐다보며 일기예보에 귀를 기울인다
한 평도 안 되는 똑딱선에 주낙장구를 챙겨놓고
바람이 잔잔해지기를 바라며 물때를 기다린다

출렁이는 바다 위에 주낙 그물 슬슬 풀어 던질 때쯤
저녁바다 주낙배 불빛들이 등대 불처럼 깜박거리지만
낙지 잡는 사람이 많아 씨가 말라
가뭄에 콩 나듯이 낙지가 올라온다.

4월의 봄날

- 임자도

난시도 근시도 실명 직전
백만 송이 튤립 꽃들이 섬을 환하게 밝히는데

대광해수욕장 모래밭에 부는 바람에
바다를 배경으로 한 풍경이
온종일 흔들리고
사람들은 현기증에 아찔하다

꽃들의 내뱉는 말들을 놓칠세라
찰칵찰칵 셔터를 눌러대는 사람들
색색이 줄을 맞춘
튤립들의 춤사위

고개를 들었다 돌렸다
허리를 폈다 오므렸다
간격을 넓혔다 좁혔다
하루 종일 매스 게임하는
튤립들의 봄날.

여름 가뭄

논밭의 작물들이
가뭄에 시달리는 나날
한낮엔 초점이 흐려져 아무것도 안 보이고
불볕더위에 바람조차 온몸이 말라간다
심은 지 얼마 안된 어린 모
앙상한 논바닥에 주저앉는다
깊은 속까지 훤히 내보이는 저수지와 둠벙
고추와 참깨 밭은 먼지만 푸석푸석
드센 자외선으로 살은 딱딱하게 굳어가고
아침 이슬이라도 많이 내려주길 소망하면서
한낮엔 몇 번씩 기절을 한다
해질녘 힘겹게 고개를 들고
행여나 일기예보에 귀를 세워보지만
아침이면 어김없이 불덩어리가 떠오른다
목마름에 이승과 저승을 헤매는 날이
봄 가고 여름 보리가 익어 가는데
보리모가지는 허옇게 말라 따개비 눈이다
산동네 논과 밭은 뿌리를 내리지 못하고
생명줄 다하여 하늘로 운구되고
땅주인은 날마다 동분서주 물 호스를 대고

뿌려주지만 그때뿐
전답은 목마름을 해소할 수가 없다
성냥개비처럼 마른 억새는 서로 부비며
불꽃이 일어날 것 같은 이를 뿌드득 간다.

마른 장마

기왕 시작했으니 소나기 쫙 퍼붓고 갈 것이지
허리 뒤틀린 옥수수나무 반듯이 일으켜주고
팔다리 축축 늘어진 측은한 고추나무도 세우고
고개 숙인 호박꽃 함박웃음 보면서
새끼치기 하는 벼논에 물꼬도 트고
이모작 보리 끌도 갈아엎고 모내기도 해야 하는데
감질나게 이슬만도 못한 소리만 요란해
비가 올거라는 문자는 자꾸 오는데
거미줄에 걸려 못 오나
어디서 해찰피우며 늦장을 부리는지
기다리다 지쳐 잠이 든 사이
톡톡 양철지붕 두드리는 소리에
창문 열어 마중 나갔더니
뒤도 돌아보지 않은 채 사라진 여우비
풀풀 날리는 먼지도 잠재우지 못하고
타는 흙 냄새만 코끝을 스쳐간다.

늦더위

단 한 번의 비는 예고였다
유예기간도 독촉장도 발부되지 않은 채
9월은 밀물처럼 밀고 들어왔다
뿌리를 내리고 자리를 잡은 여름 또한
쉽게 물러설 기미가 없다
한 판 설전이 불 보듯 뻔한데
다치는 건 애먼 사람들이다
종적을 감췄던 매미가 목청을 높이고
귀뚜라미는 귀-뚤 귀-뚤
여름인가 하면 가을이고
가을인가 하면 여름이고
이리 치이고 저리 치이고 힘든 건 사람들뿐인데
친구야 우린 우매자가 되지 말자
갈 때를 알고 내려놓을 때를 알고
비워줄 수 있을 때 비워줄 수 있는
지혜자가 될 수 있다면
뒷모습이 아름다운 멋진 사람이려니.

바람의 길

강풍이 심술을 멈추고 얌전해졌지만
호박밭도 수수밭, 콩밭도 모두 휘저어 난장판이다
노래방 취객처럼 찰랑찰랑 흔들어대다가
위로 아래로 찔러대다가 빙그르 돌다가
신작로 가로질러 매운 고추밭으로 간다
무엇을 찾는 것일까
길 잃은 바람의 잔해는
숨을 가누지 못하고 굉음을 내며 울부짖는다
감나무에도 바람의 이빨 자국이 선명하다
어둠이 내리고 저녁이 문을 연다
오는 길을 따라 바다로 돌아가는 바람은
바다와 한통속이다.

김장배추

식탁에 오르지 못한 배추
탈속을 시작하고 있다
농축된 양분들이 빠져 나가면
뼈만 남은 두개골만 무더기째
폐기처분도 안 되는 애물단지다

소금처럼 알알이 뿌려진 땀방울
배추밭 이랑마다 아물지 않는 상처
배추를 끌어안고 있는 폐비닐
카르릉 가래 끓는 소리 겨울이 함몰한다
거기다 폭설까지

흙도 꽁꽁 농부들 마음도 꽁꽁
가늠할 수 없는 세상의 지표 앞에
겨울 생계가 아득하다
이웃과 이웃도 불통된 겨울
춥다 뼈마디가 시리도록.

겨울과 봄의 경계에서

어제는 분명 봄이었는데
오늘은 정녕 겨울이다
엎치락뒤치락
계절의 경계에서
봄과 겨울이 드잡이질 한다
날이 풀리나 싶으면 도둑같이
밤새 찾아온 꽃샘바람
새벽이슬이 서릿발 되어 꽁꽁
매화 밭에 일찍 내려앉은 봄은
온몸으로 칼바람에 맞서고
따뜻한 찻잔 속에서 국화꽃이 웃는다
매화 밭엔 겨울도 살고 봄도 산다
봄은 잠시 감기 처방전을 받으러가고
겨울은 쿨럭쿨럭 자리에 드러눕는다.

2

쓰레기에 꽃이 피다

쓰레기에 꽃이 피다

옥상에 마을이 생겼다
쓰레기장에서 주워온 유효기간이 지난
비닐포대, 페트병, 스티로폼, 깨진 화분, 이 나간 그릇
모두가 야채들의 집이 되었다

토마토, 가지, 오이, 상추, 치커리, 고추, 블루베리
뿌리 깊은 푸른 족속들이
낮에는 해와 바람 나비와 벌들이 놀다가 가고
밤에는 별과 달이 침묵으로 지켜준다

찢기고 상처받고 천대받고 버림받은
이런 저런 이유로 쓸모없어진 쓰레기들이
하나 둘 모여 뿌리 깊은 가문의 자제들을 받들며
옥상 아래 백성들의 식탁을 풍성하게 한다.

아기동백

아기동백이 아기처럼
옹알이 하듯 환하게 피우고

설한풍에 푸른 잎 곧게 세운 채
송공산 비탈마다

겨우내 참았던 붉은 웃음 풀어놓는다
봄은 이미 송공산 머리끝에 머무는데
아직도 쌀쌀한 바람에 꽃잎 떨어지니

바늘에 찔린 어머니 손의 핏방울처럼
땅에 떨어진 아기동백꽃이 아프다.

고양이들

초저녁부터 마당에서
눈에 불을 파랗게 켠
발정 난 암고양이 앙큼하게
몰래 수고양이 불러들인다

마당 한 귀퉁이에 매어둔
진돗개, 이빨을 세우고 짖어도
꼼짝없이 그저 눈 먼 사랑 타령,
주인도 버리고 집을 뛰쳐나와

애간장을 태우며 희열의 울음 운다
이후로 우리 마당엔
수고양이 떼 득실거리고
쫓고 쫓기는 사랑전쟁 벌인다.

꽃샘추위 속에서 꽃을 읽다

인공 눈물 같은 봄비 몇 방울
떨어뜨리고 있다

햇살 한 줌으로 허기를 때우고
잎보다 먼저 꽃을 피워낼 때

매화, 산수유, 개나리, 아몬드 꽃
얼었던 입을 벌려 봄을 노래한다

계절의 뒤안길 쌀쌀하다 못해 매섭다
예고도 없이 찾아온 춘설은 꽃의 알몸을 휘감고

약한 주둥이로 봄을 쪼아대는 여린 입술
쫑긋쫑긋 봄 햇살 핥고 있다

아무리 생각해도 꽃샘추위를 건너려는 것이
저 아련한 풍경 앞에 오늘은 색맹이고 싶다.

황달 든 소나무

정원의 해송 한 그루
여름 내내 황달병에 시달리며 끙끙 앓았다
가을이 되자 노랗게 마구 잎을 쏟아낸다
의사의 영양실조 진단을 받고 링거를 꽂고
처방전을 들고 약국으로 뛰어가 영양제를 사고
정성과 사랑 관심을 쏟아본다
닭털 뽑듯 잎을 뽑아내도 새순은
털 빠진 닭 마냥 볼품사나워
벨까 말까 망설이다 살려보자고
사랑과 관심으로 다독다독
사철 푸르러야 할 본분을 망각
제 몸도 불편한데 한마디 불평 없이
새들에게 온몸을 쉼터로 내어주고
나에게 봉사의 진리를 가르쳐준 소나무
하나의 삶을 터득하며 나눔을 배운다.

호박 1

비탈진 밭 귀퉁이 두엄자리에
저 혼자 꽃피우고
온 들판 쏘다니더니
사생아 같은 호박 한 덩이 낳았는데
겨울이 되어도 거두어 가는 이 없다
탯줄도 못 끊고 마른 탯줄 거머쥐고
여름 날 당당하던 청춘은 어느새
검버섯 군데군데 피어나는
돌아갈 곳 없는 노숙자
된서리 맞으며 꽁꽁 언 채
외로운 밤을 맞고 있다.

바람난 백구

애인 집에서 먹고 자는지
사흘째 집에 돌아오지 않는다
비에 젖은 사료 퉁퉁 불어
파리떼만 분분한데
이웃집 땅딸이가 배를 채우고 간다

오늘도 해는 지는데
서산의 초승달이 비밀이라 한다
주인 없는 개집은 들고양이가 차지하고
밥그릇은 개미만 왔다갔다 장을 본다

앞 동네 메리라는 애인 집에서
백구를 보았다는 소식을 들었을 뿐
사흘째 백구의 모습 보이지 않는다

마을에 노총각들 늘어만 가는데
우리 집 백구는 때때로 장가간다
나흘째 되던 날, 야윈 백구가 돌아와
하루 종일 잠을 잔다.

밥값도 못하고

매실나무 심은 지 5년째지만
퇴비를 주고 영양제를 뿌리고
공을 들이는데 밥값을 못한다
그저 키와 몸집만 키운다
베어버릴까 하다가 한 해만 두고 보자
올해도 눈이 시리게 꽃은 많이도 피웠지만
매실 서너 개가 전부다
봄만 되면 조급한 마음에
꽃 진 자리 들여다본다
눈을 부비며 들여다보고 또 본다.
받아만 먹고 은혜를 모르는 의리 없는 나무
화가 나 톱날을 밑동에 들이대다가
한 해만 더 지켜보자며 톱을 거두는데
마음이 몹시 서운하다.

겨울 후렴

아직도 바람이 쌀쌀한데
일찍이 기지개를 켠 매화나무
분홍 실 풀어 봄을 수놓는다.

아직도 석류나무 대추나무는
깊은 겨울잠을 자는데
꽃을 시샘하는 찬바람 뒤척이고

심술보 가득 찬 안색이 창백한데
봄이 눈 부비며 일어나는 아침
겨울의 후렴인 늦추위가 더 맵다

아버님은 입춘대길(立春大吉) 대문에 붙이고
계절은 창밖에서 서류에 싸인 중
겨울에서 봄으로 이름을 바꾼다.

해당화 꽃이 피었습니다

6월 장마 스무사흘 조금
밀물이 빠져 나가자

개펄은 맨몸으로 드러눕는데
개펄 속의 짱뚱어, 보리밥, 농게, 칠게가
문을 열고 밖으로 얼굴을 내미는

그때,
굶주린 바닷새 한 마리 잽싸게 날아들자
갯것들이 서로서로
긴급 상황을 외치며 방공호 속으로 숨는다

해당화 꽃이 피었습니다!
꼭꼭 숨어라 꼬리가 보일라.

부활의 꿈

지금은 부재의 시간,
밀봉된 사유 속에서
어떤 밀약을 꿈꾸는지
보이는 것으로 짐작해야 한다
주체 못한 욕망이 발기중이다
아무도 짐작 불가능한 자연의 영역 앞에
온몸으로 체감만 있을 뿐
한 줌의 햇볕으로 속도를 조절하고 있다
아직도 기지개를 켜지 못하는 석류와 대추나무도
봄을 모른다고 비난을 하지 말라
바늘구멍 같은 숨결로 바람과 햇볕을 먹고
시간을 기다리고 있다는 것을
내공이 커지면 장공이 되고
장공이 커지면 우주가 열린다는 사실을
결국 겨울은 봄으로 가는 하나의 길일 뿐
죽었다 부활하는 예수의 이름처럼
봄은 눈부시게 부활을 시도하는 중이다.

천수답

비탈진 산 밑 다랑이마다
제 땅인 양 개망초들이 농사를 짓고 있다
날이 가물어 하늘은 푸르른데
바짝 마른 천수답에서
아들 딸 자식에 손자들까지 번성하여
불볕더위에 보란 듯이
하얀 꽃밭을 이루었다
독사처럼 약 오른 땅 주인이
개망초가 징그럽다고, 팥이라도 심어야겠다고
트랙터를 들이대자
거푸집 쓰러지듯 폐가하는 개망초들,
비로소 되찾은 다랑이 논이 반갑다.

2월

매화나무 거친 껍질 뚫고
돼지 젖꼭지처럼 다닥다닥 터트린 꽃망울
햇살이불 덮고 배냇잠 꿈을 꾼다
봄이야?
비둘기는 벌겋게 언 발 동동거리며 고개를 갸우뚱
집 앞 큰 밭에 허리띠 동여맨 월동배추
엄동설한을 치맛자락으로 버텨내고
냉이와 달래 초록 먹물 갈아
立春大吉이라고 쓴다
물푸레나무 달여 어머니 천식 달래는데
시베리아 찬바람 기죽을 줄 모르고
심술 가득 똥고집을 부린다.

각시거미

나무와 나무사이
처마 끝과 전깃줄에
달빛과 별빛으로
베를 짜는 노란 각시거미
거센 바람도 비켜가고
세찬 소낙비도 대롱대롱 매달리는
짱짱한 그물을 친다
누구의 목숨줄 노리고 있나
한가운데 턱 버티고 죽은 듯이 엎드려
시장기를 달랜다
재수 없는 잠자리 한 마리 한눈팔다가
거미줄에 걸렸는데
발버둥 칠수록 온 몸이 꽁꽁 묶여
헤어날 수 없다
굶주린 각시거미 다가와
아침부터 포식이다.

자리

꽃집에 들러 화분 하나를 사왔다
새 식구 자리를 마련해 주려니
먼저 데려온 녀석들 눈치가 보인다

새 친구가 왔어요, 한 발작씩만,
아니 궁둥이만 살짝 조금씩 틀어줘
작은 공간에 새 식구자리가 생겼는데
못마땅한 표정을 짓는 백년초가
내 손에 가시를 꾹 찌르며 진상을 부린다

햇빛 한 줌 바람 한 점 이슬 한 모금도
나눠 먹으며 서로서로 챙겨주며 살아야 해
한 가족이니 햇볕 가리지 않게 조심하고
지금 자리가 영원한 자기 자리가 아니야
계절 따라 가끔씩 자리는 돌아가며 바뀔 거야

키가 큰 녀석은 뒤쪽으로
키가 작은 녀석은 앞으로
자리가 늘 바뀌는 게 세상이야.

봄

날마다 스모그로 하늘이 잿빛이다
시를 쓰는데 오늘은 문장이 흐리다
해독 불가능한 언어로 머릿속이 어지러운 사이
일요일 오후가 지나간다
햇살로 허기를 채우고
잎보다 먼저 피운 꽃봉오리
매화, 산수유, 개나리, 목련, 아몬드 꽃
웅크리다 내민 얼굴이 핼쑥하다
겨울인지 봄인지 계절의 뒤안길은
쌀쌀하고 매운데
북서풍은 꽃을 휘감고 장난을 친다
약한 주둥이로 봄을 쪼아대는 여린 순
가지마다 생쥐 귀 같은
푸른 이파리가 햇볕을 핥고 있다
송전탑 전선엔 갈매기 떼
먼 바다 건너 남쪽 섬으로 날아와
목포는 항구다 처량하게 한 곡조 뽑는
술에 취한 듯 흔들리는 봄 바다.

수선화의 섬
- 선도

봄을 산란중이다
겨우내 흙속에서 옹골지게 알뿌리를 키우며
땅이 데워지기를 기다린 시간들
자욱한 안개 걷히고 한낮의 햇볕이
난로를 피우듯 따스하다
다른 섬보다 일찍 봄이 배달되는 선도
가장 먼저 수선화 꽃이 피고
삼채 가락으로 훈풍이 불어오는 날
섬은 알뿌리가 근질근질하여
망을 보다가 쑤욱 밀어올리고
올망졸망 노랑꽃이 핀다
바람이 불면 머리를 흔들고
여기저기서 상모를 돌린다
상춘객들 삼삼오오
수선화 꽃을 바라보며
손을 흔들고 순간을 포착
모두가 화사한 봄이 된다…….

개미 떼

봄비가 촉촉하게 내린 오후
텃밭에 호미질을 한다
상추, 쑥갓, 치커리, 케일 종자를 심었다
가만히 들여다보니 담배씨만한 개미들이
몸뚱이보다 더 큰 씨앗을 물고
힘겹게 흙덩이를 넘어서 간다
하도 신기해 한참을 바라보다가
씨앗들을 다독여주고 일어선다
다음날 물을 뿌리고 보니
종자를 심은 것이 아니라 개미를 심었다
일사불란하게 개미들이 움직이고 있다
겨우내 어디에 있다가 군집했는지
까만 두 개의 행렬이 생겼다
짐을 이고 가는 줄, 부려놓고 오는 줄
질서 정연한 개미군단이 작전을 한다
하룻밤 사이 씨앗들을 다 물어 나르는 듯
까만 줄을 따라가 보니 텃밭 언덕에
개미집이 있다 흙이 수북하니 마을을 이루었다
호미로 흙더미를 헤치니 하얀 개미알과
물어간 씨앗들이 수북하다

홧김에 호미로 긁고 마른풀을 올려
개미집에 불을 질러버리려다
미물과 사람이 같을 수는 없는 법,
내가 뿌린 씨앗이 그들에겐 다만
생존을 위한 먹이일 뿐이어서
이번엔 봐주기로 했다.

동백꽃

얼었던 땅이 풀리고
눈 속에 붉게 피어난 동백꽃
바람에 맥없이 댕강댕강 목이 부러지고
떨어진 땅엔 선혈이 낭자하다
한 생애 다하는 날에도
목을 곧게 세우고 통째로 뚝 떨어지며
붉은 맨살로 땅의 체온을 감지한다
숨이 끊어져도 붉은 절개는 퇴색하지 않고
입 꾹 다문 채 결기를 보여준다
봄이 동백꽃의 상처를 감쌀 때
그의 몸에서 겨울이 슬금슬금 빠져나간다.

오월의 장미

눈이 부시어
마주보지 못하겠어.
홀린 채 다가서니
붉은 빛 송이마다
애교스런 눈웃음
나의 시선을 멈추게 하고
너의 아름다움은
내 눈을 빼어 갈 것 같이
찬란한 장미의 계절
다가오는 뭇 손길 경계하러
줄기마다 가시 곧추세우고
고운 매무새 그마저 무색하게
봄의 자락 푸른 하늘 푸른 오월
너를 보는 내 마음
들뜨게 하는 미려함이구나.

단비

계속되는 봄 가뭄에
봄꽃들은 제때 피우지 못하고
듬성듬성 피거나 말라 비틀어져 떨어진다
기상청 예보는 오늘도 엇나가고
날마다 바람만 탱탱 불고 햇볕 쨍쨍한데
우리 집 기상대 할머니 온 몸이 쑤신다며
오늘은 비설거지하라신다
모두가 잠든 한밤중 함석지붕에
성난 얼룩말처럼 지나가는 소리
그 요란함에 어둠이 깨어나고
과수원 나무와 숲들이 기지개를 켠다
보리와 마늘이 푸른 입술을 내밀고
엊그제 심은 강낭콩이 몸을 불리고
감자가 세상이 궁금하여 온 몸에서 눈을 뜰 때
할머니의 호미 끝이 얼마나 매서운지 모르는
잡초들이 다투어 일어난다.

3

젖은 하루

젖은 하루

밤새워 내린 비에 깨진 언어들이 흥건하고
출근길을 적시고 내 마음으로 스며드는데
바람의 방향으로 빗금을 그으며
풀어진 철사처럼 마당에 텃밭에 엉킨다

흐르다 멈춘 빗물이 무슨 생각이 있는지
신작로 웅덩이에 모여드는데
자동차가 물벼락을 치고 간다
얼굴과 옷에 흙탕물 범벅이다
얼굴은 씻고 옷은 빨면 되지만
언짢은 마음은 씻지도 빨 수도 없으니
기분이 구리다 못해 짜증이 난다

마른 땅을 적시며 땅으로 스며드는 빗물 같은
넓은 마음으로 참는 것을 생각하다가
사무실 절벽을 타고 빗물이 미끄러지듯
빠른 속도로 내려오고, 구두마저 적셔버린
옷도 마음도 구두도 흠뻑 젖은 날
비 그친 뒤 젖은 벽에서 파란 이끼가 자란다.

무명 시인

컴퓨터 앞에 앉아 있는 그림자
밤늦도록 창문에 비친다
메모해둔 노트를 꺼내 한 소절 한 소절
쓰다가 지웠다 짜맞추기 한다

방언이 터진 늙은 신자의 말처럼
도무지 알아들을 수 없다
아이처럼 옹알이를 하다가
겨우 말문이 터진 아이 같다

어쩌다 원고청탁이라도 들어온 날에는
몇 날 몇 밤을 지새우며
혼자 치는 고스톱처럼
재미도 없고 뻔한 글쓰기

글은 머리로 쓰는 것이 아니라
가슴으로 쓴다는 말처럼
허투루 살아온 삶이 내 글쓰기 같아
가슴으로 세상을 보고 새처럼 노래하고 싶다

대단한 유명 인사는 아니어도
손가락질 받지 않고 성실하게 사는 인생
담담하고 소박한 글을 쓰고 싶다

나의 인생을 읽어주는 누군가가 있고
내 이름 석 자를 기억하는 누군가가 있다면
나는 괜찮아
무명 시인이라도 괜찮아.

잠이 오지 않는 날

컴퓨터 앞에서 꾸벅꾸벅 졸다가
불을 끄고 잠을 청해 보지만
밤이 깊어갈수록 눈은 말똥말똥
바람은 쉴 새 없이 창문을 두드리고
앞바다 파도소리마저 뒤척이는 밤
다시 불을 켜고 컴퓨터 앞에 앉아
커서를 찍어 본다
군불 지핀 굴뚝에 연기 빠져나가듯
머릿속에 암기한 시어들이 사라져 버린다
밖에 비가 내린다 바람이 분다
처마 밑에 떨어지는 빗줄기가 창문을 친다
또 다시 불을 끄고
이불을 얼굴 끝까지 당겨보지만
똑딱똑딱 시계 초침 소리가
떠날 준비하는 기차 소리만큼 크다
과수원에서 기어가는 벌레소리까지 들리는
괴로운 불면의 밤이다.

대출

문인협회 회비도 내고
저녁거리 시장도 볼 겸
농협에 돈 찾으러 갔다
옆 창구에서
키 큰 남자가 대출을 받는다
어디에 쓰는지 급한가 보다
원고 청탁 받아놓은 나도
시가 급하지만
며칠째 시상이 떠오르지 않아
끙끙대며 밤을 지새웠다
대출받은 남자처럼
시도 대출을 받을 수 있다면.

여백

마음도 노트도 여백이 있어야 시를 쓸 수 있다
밤마다 컴퓨터 앞에서 자판을 두들긴다고 써지는 게 아냐
생각이 헝클어져 버리면 막혀버리게 된다
실타래 풀리듯 풀리는 날이 있는가 하면
철사처럼 헝클어져 뒤죽박죽 머릿속이 복잡할 땐
액정이 깨져버린 핸드폰처럼
캄캄하고 모든 것이 한 번에 사라지듯
몸도 마음도 충전이 필요해 삶의 여백을 만들기 위해
잠도 푹 자고 머리도 손도 쉬어줘야 해.

다시 시를 기다리며

설익은 음식을 먹은 것처럼
헛배만 부른 시어들, 헛배를 다독이려
소화제와 물을 마시지만
소화도 못시키고 그저 속이 쓰리고 머리만 아픈
그냥 살이 찐 배불뚝이 시
끄윽, 트림을 연속 역류시키며 속이 탄다

재봉틀의 밑실처럼 자꾸 뜨고 엉키고
가닥이 안 잡히고 현기증이 난다
시도 아닌 것을 시라고 써놓고
안개 속 같은 미로를 헤매는 꼴이라니
헛배가 헐거워지면서 소화가 되는 듯
눈꺼풀이 자꾸 내려와 고개를 끄덕끄덕

누군가가 시는 기다려야 한다고 했다
선부르고 급한 마음에 혼자 애태우며
짝사랑하는 사람 기다리는 것처럼
한정 없는 기다림 어디선가 기다리는
시가 오기는 하는 걸까.

페이스북

무슨 생각을 하고 계신가요?
내게 질문을 던진다
생각 없이 오늘 찍은 사진을 올린다
이 사진에 대해 이야기 해주세요
주저리주저리 사진설명을 해준다
공유하기를 클릭하라 한다
페이스북에 답을 하다가
문득, 내가 뭐하고 있는가 싶다
손바닥만한 기계에 내가 놀아나고 있다
좋아요를 눌러 주신 사람
댓글을 남긴 사람
모두에게 감사하는 마음이다
어쩌다 옛 친구도 만나고
친구요청 문자도 날아든다
오늘은 페이스북이 추억을 소환한다.

부재중

고추를 따려고 날 받았는데
이슬거리가 오락가락이다
비가 많이 오려나, 꿩들이 밭 가까이 내려오고
손은 느려 터지고 마음만 바쁜데
고추밭은 온통 붉은 치마 자락이다
이슬비는 점점 굵어지는데
긴 이랑은 줄어들지 않는다
다 먹고 살자고 하는 일인데 허기가 몰려온다
인생처럼 매운 고추냄새가 밴 비옷을
벗어들고 점심 먹으러 들어왔다
놓고 간 전화기가 깜빡깜빡 신호를 보낸다
밥상을 차리기 전 전화기를 켰다
한나절 부재중에 많은 전화와 문자를
다 기록한 똑똑한 기계, 참 세상 좋다
아니 무서운 생각마저 든다
누군가 염탐하는 눈들이 있다는 생각이 들면서
무서운 세상이라는 느낌에
온 몸에 소름이 돋는다
난 오후에도 부재중이야.

신발

어제 신었던 구두를 신발장에 넣는다
짝을 지어 누워 있는 신발들과 눈을 맞춘다
오늘은 누가 나와 동행할까

세무 하이힐, 앵클부츠, 운동화, 굽 낮은 단화
답답한 신발장 속 신발들이
나를 빤히 쳐다보며 간택을 기다린다

젊은 날에,
맑은 날, 비온 날, 눈 속을 함께 다니던
늙은 상궁 같은 한쪽 구석에 낡은 구두 하나

헐거워진 고무줄 바지처럼 편하고 부담 없는
굽이 닳은 아끼던 구두 한 켤레 꺼내놓고

구두약을 바르고 침을 퉈퉈 뱉어 윤이 나게
닦아주고 오늘은 너와 데이트를 해볼까나
참 오랜만에 추억을 불러낸다.

지도 오일장

지도 오일장이 서는 날
뻥튀기 아저씨 일찍 터 잡아놓고 불 지핀다
농약집 앞 호박, 오이, 가지, 수박 모종 파종을 기다리고
어물전엔 상인과 손님이 사자고 말자고 티격태격
야채 전에 쑥과 냉이 봄을 얹어 파는 할머니
비닐봉지에 삼천 원어치 오천 원어치
덤으로 담아주는 할머니의 손 큰 봄 한 봉지
다음 장날 또 보자는 아주머니의 말이
봄 햇살 속으로 부서지고
끼니나 때우고 가자고
아랫마을 윗마을 사람들이 모인 먹자골목
돼지머리 국밥 한 그릇 막걸리 한 사발에
서로의 정을 말아먹고
소박한 국밥냄새 사람냄새 왁자지껄한 장터골목
엿가락처럼 긴 이야기가 펼쳐지는
사는 사람도 파는 사람도 정겨운 지도 장날.

수다를 차리다

오랜만에 칼질이나 합시다

청춘들이 옹기종기 모여 앉은 레스토랑에
나이든 여인네들 넷이 둘러앉았다
음식을 주문하고 나오기도 전에 수다로 한 상을 차린다

주문한 음식을 비우고
빈 접시에 수다 한 상이 다시 차려진다
세상 일 한 접시 남편 말 한 접시 자녀 자랑 한 접시
시어머니와 시동생 흉은 몇 접시나 차렸을까

동글동글 계란프라이 툭 터진 반숙처럼 물렁하다
빈 접시에서 풍선처럼 부푼 말들이 펑펑 터진다

포크로 찌르고 칼로 잘게 다지고 얼마나 차렸을까
점심시간 내내 차리고 걷고 또 차린 수다
커피로 입가심을 하고서야 일어서는 늦은 오후.

떡지기 찻집에서

눈보라치는 저녁 답
칼바람을 피한 떡지기 찻집
창가 난로 옆 탁자에 둘러앉아

허브향보다 진한 추억을 우려내어
우리 모두 찻잔을 마주하고
꿈과 열정을 얘기한다

음악이 흐르고 향초가 제 몸을 태우며
깜박깜박 붉은 눈동자를 껌벅이며
우리들 이야기를 엿듣는다

떡보다는 커피가 당기고
커피보다 몸에 좋은 떡이 든든해
오늘도 모여드는 사람들
인생의 향기가 솔솔 카페를 채운다.

노부부

아이들 모두 짝지어 분가 시키고
고양이 한 마리 재롱 보며 살고 있다

아들 며느리 딸 사위 함께 살자
모신다 해도 귀찮다 내 집이 편하다

한 달 전기세 몇 푼 아끼려고
불도 켜지 않고 텔레비전만 켜놓고

두 노인네 졸다가 얘기하다가
텔레비전 혼자서 노닥거리고 있다.

여행

소풍을 앞둔 유년으로 돌아갔다
저녁에 여우잠으로 눈꺼풀은 무거웠지만
차안에서 여인들의 웃음소리와 박수소리는
달리는 동안 내내 그칠 줄 몰랐다
창밖은 낮술에 취한 나무와 꽃들뿐이다
삼시 세 때 끼니를 챙겨야 할 삼식씨도
챙겨줄 손자들도 잔고를 비우듯
다 비워버린 홀가분한 정비석의
자유부인을 기억해낸다
행복을 충전하기 위해 숙소로 향하며
핸드폰의 음악으로 흥을 돋우며
즐거운 자유를 만끽한다
기억하고 싶지 않은 일상을 접어두고
웃고 떠들며 흐르는 시간은 빛의 속도다
이틀의 여가는 바닥이 났지만
다음이란 단어를 걸어두고
제자리로 돌아와 추억을 상상하며
또 다른 나의 자유를 외친다.

맑은 날

토요일 아침
거실커튼을 열어젖히고 유리창을 열었다
창밖의 햇볕이 기다렸다는 듯이
내 품으로 확 달려들더니 멈칫한 사이
창문을 넘어 들어와 거실 바닥에
밝은 얼굴로 길게 드러눕고
털어낸 먼지들이 햇빛과 어울려서
숨차게 너울너울 춤을 춘다
대청소가 끝나도록 거실에 누워
엉덩이 옮겨가며 한나절 놀다간다
햇빛이 눕다 간 자리 온기가 남아있다
오후엔 어느 집을 방문했을까
오늘은 집안도 마음도 맑음이다.

커피같은

커피를 끓이며 문득 생각한다
커피처럼 나의 열정도 뜨거웠다
지금은 시간을 허비하는 백수가 되었다

커피처럼 팔팔 끓던 나의 열정도,
꿈도, 추억의 그리움도
잔에 담긴 뜨거운 커피에 타서
함께 마셔버렸다

맛있게 끓인 커피도 식으면 버림을 당한다
식어버린 나의 열정 또한 어디에 버려졌을까
커피를 마시며 씁쓰레한 웃음이 난다.

공동 작업

아! 아! 이장입니다
4구 주민 여러분 안녕히 주무셨습니까?
오늘은 우리 마을 부녀회에서 관리하는
꼬막 양식장 공동작업 하는 날입니다
부녀 회원 여러분께서는
한 집에 한 분씩 양알 바닷가로
작업도구를 챙기시어 모이시기 바랍니다
아침을 먹는 둥 마는 둥 도구들을 챙겨
긴 노랑장화를 신고 다라이에 끈을 달아
허리에 매달고 준비완료, 어디를 봐도
손색없는 섬 색시, 바닷가로 나갔다
갯물이 떨어지고 갯벌이 드러나기 시작하자
어르신들은 벌써 갯벌에 들어가
꼬막을 잡고 계신다
바다가 곁을 내주는 동안 양껏 잡아 동네에
5kg 삯을 내고 나머지는 본인들이 가져간다
솜씨 좋은 사람들은 다라이가 넘실대게 잡아
삯을 내고도 가져가는 몫이 더 많지만
초보 새색시는 내는 삯도 부족하다
이 집 저 집 동네 사람들이 안쓰러워

빈 다라이에 한줌씩 나눠 담아 주셔서
집에 가져와 짠 꼬막 맛을 볼 수 있었다
옷은 뻘 범벅이 되고 비누 값도 못했다는
남편의 핀잔이 무색하다.

술이 나를 마셔버린 날

한 여름에 서리가 내린 듯
피부에 닭살이 돋고 오한이 난다
어제는 속상한 일이 있어
못 마시는 소주를 통째로 한 병을 마셨다
술을 마시는 순간 뜨거운 것이
간질간질 속을 데우며
속 좁은 내 속을 헤집고 다녔다
위를 지나 내장으로 내려갈 때는
느낌이 싸하니 고추처럼 뜨겁다
발끝에서부터 다시 혈관을 타고 역류하며
나를 감전시키고 마비시킨다
얼굴까지 화끈하고 혀가 꼬부라져
방언처럼 말문이 터지고 욕이 쏟아진다
나는 술을 마시고 술은 나를 마시고
혈관이 터질 듯 숨이 목까지 차오른데
기분이 좋았다가 우울하다가
변덕을 부린다
결국 술에게 잡혀 먹혀 버린 것이어서,
얼마나 남았는지 모르는 길이 뚝 끊겨
내 삶의 길이 보이지 않고

투명한 속이 비치는 소주병만 뒹군다
오늘은 길을 잃고 정신을 잃고
잠시 양 갈래 길 위에서 서성인다.

봄날, 횟집에서

선창가 횟집에서 약속이 있어
서둘러 일찍 나섰다
짙은 화장을 한 뚱뚱한 횟집 여주인은
손님이 왔는데도 일어나지도 않고
심드렁한 말본새로
기다리는 사람이 있느냐고 묻는 것이
와도 그만 안 와도 그만이라는 듯
세상의 재미를 잃어버린 사람 같다
짙은 화장처럼 감추고 싶은 인생이 있는 듯
하품하는 여주인을 뒤로 하고 탁자 앞에 앉으며
여기 주문 안 받아요? 도다리 주세요
말이 떨어지기 무섭게 뜰채로
먹이를 채는 개구리 혀처럼
수족관 아래 엎드린 도다리 한 마리 건져 올려
도마에 올리고 비늘을 긁고 생선 다루는 솜씨는
생긴 것과는 다르게 빠르고 익숙한 방식으로
도다리의 목을 치고 살을 바른다
순식간에 도다리 한 마리를 도륙내고
하얀 접시 위에 먹음직스러운
꽃을 피워 내어 놓는다

늦게 나타난 친구의 화사한 얼굴에
내 마음도 환해지고 횟집도 밝아지고
도다리 쑥국에서 오는 봄의 향기가
횟집 안에 가득차고 넘친다.

이력서

닉네임 시쟁이
출생지 강진 성전
우편물주소 신안 1004島
소재지 과수원
직업 과수원지기
직위 한길농원 대표
조건 재택 근무
연봉 거둔 대로
전화 0095*
E-mail pear45*

*0095 : 배 9하러 5세요
*pear45 : 배 4러 5세요

국화차를 우려내며

유리 주전자 속에 마른 국화꽃,
뜨거운 물을 부어 난로에 올린다

속이 훤히 보이는 유리 주전자에서
마른 국화가 활짝 꽃을 피운다

탁자에 앉아 시집을 읽노라면
국화의 노란 꽃술도 책을 읽는다

국화차를 잔에 따라
코에 대고 향기를 음미하면
국화차 속에서 그리움이 피어나고

창밖의 바람소리도 재우는
국화차를 마시는 긴 겨울밤.

나 홀로 밥상

오랜만에 남편과 데이트를 했다
영화 한편 보고 외식을 할까 했는데
남편이 요즘 코로나19 때문에
사람 모이는 식당에 가지 말고 집에 가서
집밥을 먹자한다
말없이 차를 집으로 향해 돌려
노릇노릇 고기를 굽고
상추, 쑥갓, 깻잎 여러 가지 야채도 씻어
고기가 익어갈 때쯤 전화기가 울렸다
전화를 받고 바쁘게 나가버린 남편
상 차려놓고 기다릴 때
카톡! 혼자 먹으라는 문자다
코로나19가 어쩌고 집밥 먹자더니,
식탁 위에 뱀 욕 한 사발 올리고
넋두리 서너 사발 더 올린다

오랜만에 매운 아귀찜 먹고 싶었는데
사기 당한 기분에 막 입이 궁시렁댄다
나이 들었나보다 뱀 욕에 넋두리로 진수성찬
홀로 밥상 입맛이 달아난다.

낙지 탕·탕·탕

어머니가 멱살을 잡고 아래로 쭉 훑어
도마 위에 탕 · 탕 · 탕 칼 총질을 하면
여덟 개의 발이 순간에 수십 개로
잘리는데도 마지막 사투를 벌인다

칼이 내리칠 때마다 도륙되는 사지
꼬물거리며 기어이 바다로 가겠노라고
무작정 도마를 기어나가는 꼴이란
오래 진화한 본능이지만

칼등이 쓱 도마 위를 긁고 지나가면
어느새 상추 잎 깔린 접시위에 올려지고
잘린 상처에 참기름을 발라주고
마늘과 고추 얹으면 쓰라림의 아우성

화염지옥 같은
초고추장에서 한 번 더 벌겋게 구르며
살아 보겠다고 빨판을 쩍쩍 붙이며
용을 쓰는 모습이
젊은 한 때의 내 모습을 닮았다.

4

수선집 여자

수선집 여자 1

가위질 한 번 싹둑 바느질 몇 땀으로
허리사이즈 줄이고 늘리고
다리길이도 늘리고 줄이고
미니스커트 롱스커트
여자의 손을 거치면
허름한 옷들이 폼을 잰다
머리엔 나비 핀
동그란 뿔테 안경이 어울리는
수선집 여자
자신이 걸어온 길처럼
달달달 재봉틀이 돌아가고
실밥 풀린 사람들의 생을
촘촘히 박아주고
폐기된 것들에게 생명을 불어넣는다
수선된 옷들을 다리고 펴
시신처럼 장롱 속에 잠든 유폐된 것들에게
다시 새 길을 걸어가게 한다.

수선집 여자 2

목련이 천국처럼 환한 봄날
봄이 가기 전에 입고 싶다며
에스겔의 마른 뼈를 생각나게 하는
꽃무늬 원피스를 리폼 온 여자

여자가 가고 심란함이 파도처럼 덮쳐온다
너무 춥다고 꺼내주라는 아이의 울음소리가
덧댄 천에 바늘땀처럼 콕콕 귀에 박힌다.

국화꽃 몇 송이 떠내려간다.
파도가 깨진 꽹과리 소리를 낸다.
국화꽃 따라 둥둥 떠가면 만날 수 있을까
밤마다 울던 아이는 없다

어둑어둑 해는 기울고

패턴도 없이 싹둑싹둑 재단을 하고
드르륵 드르륵 재봉틀 박음질 소리에
패랭이꽃 붉은 슬픔들이 피어나는데
여자는 끝내 나타나지 않았다.

팔려가는 사람들

이른 새벽
쫓기듯 아침을 말아 먹고
서둘러 인력시장 대기실에 도착
드럼통에 타오른 불길에 언 마음 녹이며
눈치를 살핀다
오늘도 부름받기를 기다리는
불안한 눈빛들이 애처롭다
봉고차가 멈추고 반장의 부름으로
선택된 사람들
논두렁 밭두렁을 가로질러
알 수 없는 미래처럼 흙먼지 속을 달린다
무슨 일을 하는지 몰라도
오늘은 안도의 숨을 돌리고
일당 십만 원에 팔려가는
그의 손에 달린
가족의 생계가 아슬하다

어판장

새벽마다 반 뜬 눈을 부비며
어판장으로 향한다
들어오는 활어와 사람들
어부와 중매인들의 숫자놀이가 시작되고
잡혀온 병어, 민어, 낙지, 갈치들
공포에 눈만 말똥말똥, 아가미는 깔딱,
경매가 시작되어 두툼한 전대가 풀릴 쯤
부스스 여명이 어둠을 몰아내고
비린 새벽이 빠져나간다.
와글대던 어판장은 아침잠에 해롱해롱
마지막 반항하듯 오징어 꼴뚜기
먹물을 쏘아대고
하루를 몽땅 떨이해 버린
어판장은 꾸벅꾸벅 졸고 있다
목에 끈을 맨 어선들은
고개를 저어대며 해먹처럼 흔들흔들
낮잠을 즐긴다.

늙은 어부

바다의 지느러미가 햇볕에 파닥거린다
병어 떼 민어 떼 몰아서 그물을 당기며
수많은 세월을 가슴으로 웃고 울었을
때때로 날카롭게 날을 세우던 칼바람에
잠자던 바다가 일어서고 가슴이 시커멓게 타고
배들이 흔들거려 멀미에 사경을 헤매던 날들
만선의 기쁨도 무심한 세월 속에 묻어놓고
이제는 늙어 힘도 없고 낙이 없다며
바람을 핑계 삼아 마신 술에 얼큰해진 하루
고깃배 닻을 내려 선창에 묶어두고
삶의 무게를 술잔에 달고 있다.

이른 봄날

낮의 길이가 쥐꼬리만큼 길어진 날
여자는 움츠린 채 거실 창밖을 살핀다
텃밭에 봄동 배추와 냉이가 푸르게 웃는다

생수통을 들고 산을 오르는 남자
고로쇠나무에 구멍을 내고 줄을 꼽는다

어제 내린 비가 땅속의 씨앗을 불리는 중
쏟아지는 햇살이 싹을 틔울 듯 따스하다

참새들 전깃줄에 악보를 그리고
바람과 나무들은 연주회를 연다

찰 보리밭에 종달새 알을 품고 숨을 죽인다
오늘은 진눈깨비 날리고
하루 종일 고로쇠나무 헌혈 중이다.

포장마차

어둠이 공원 벤치에 드러눕는다
가로수들 바람에 어깨춤을 추고
아파트 공사장 앞 건너 쪽
참새 방앗간 포장마차에 불이 켜지고
주인은 부지런히 좌판을 벌인다
손님은 없고 조용하기만 한 포장마차
기다리다 지쳐 주인은 연신 하품을 한다
별들이 한 잔 생각나 막걸리 통에 빠지고
밤새 마셔도 눈은 초롱초롱 취하지 않는다
난롯가 양은 주전자 열이 올라 한숨만 푸푸
어느새 스멀스멀 새벽이 다가온다
별들도 돌아가고 공치는
긴 밤이 스르르 담을 넘는다.

절벽

추락하는 꿈을 자주 꾼다
비몽사몽 꿈에서 깨어나면
몸은 살아 있고 영혼은 온통 늪이다

비굴을 밥 먹듯 하면서
안전한 그물 하나 쳐두지 못했다
오늘도 새벽 봉고차에 팔려간다

애처로운 표정들은 궁핍이 절절이 묻어나는데,
삶의 현장에서 간단한 안전 수칙을 뒤로하고
시멘트를 지고 팍팍한 실존의 계단을 오른다
오늘따라 무릎이 자주 꺾인다

정책은 실효성이 떨어지고
뉴스는 신선도를 잃은 지 오래
채용절벽 고용절벽 인구절벽에
물가는 뛰어 오르고 삶은 절벽 끝이다.

귀촌

동네 빈 집으로 이사 온 이방인
도시의 건설 현장 잡부로 일 하면서
비가 오는 날은 노숙자 생활도 했다는 사람
나이 들어 제 몸 하나 끌고
외딴 바닷가 소금창고
허름한 집에서 등 붙이고 산다
낮이면 낚시를 하고 밤에는 낙지를 잡는다
공치는 날도 있지만 이런 날은 텃밭에서 채소를 가꾼다
일 년을 보내면서
사람들의 정을 배웠다 했다
제법 철도 들었다 한다
멀건 흰 죽 같던 얼굴에 화색이 돌고
제법 염부 티가 난다
가두었던 마음을 열고
우리 동네 사람이 되어간다.

쑥부쟁이 사랑

봄부터 가슴 저리게 기다리던 사람
그리움에 파리하게 야위어진 얼굴
비바람 맞으며 홀로 외로움에 떨며

밤마다 핏기 없는 연보라색 얼굴에 분칠을 하고
동구 밖 모퉁이 산언덕에 그리워서 피는 꽃
만나자 헤어져도
괜찮다 보내야 하는 슬픔

보내지 못한 문자는 임시 보관 중
서로 좋았던 추억만 간직한 채
뒤돌아보고 또 돌아보며 가지만

가을이 다 가기 전 다시 볼 수 있다면
첫눈이 내리기 전에 그 품에 안기고픈
임을 기다리는 연보랏빛 그리움
아린 가슴에 스산한 가을바람만 파고든다.

나무의자

공원 빈터에 길게 누운 나무의자 하나
등산객 식탁이었다가 노숙자 침대가 된다
날마다 주인이 바뀌는데
오늘은 낙엽들이 앉아 쉬었다가 간다
하루 종일 풍문을 물어 나르는 새 떼
칼바람에 오들오들 떨면서
제 몸 내어주고도 행복한 나무의자
늙어서 삐거덕삐거덕 관절을 앓고 있다
본 것도 못 본 척 들은 것도 모른 척 침묵하는데,
어젯밤엔 안개가 내려와 주소불명의 편지를 쓰고
눈물 떨구고 갔는지 촉촉하게 젖어있다.

계약서에 도장을 찍고

노후계획으로 괜찮다며
좋은 땅이 나왔다고
땅에다 묻어두라는 부동산 사장님 말에
팔랑귀가 아내와 상의 한마디 없이
퇴직금과 적금통장 깨고 대출 받아
시골 야산 옆 밭뙈기를 산 남자
처음 내 땅이 생겼다는 자부심에
가슴이 벅차
그런데 왠지 마음이 편치 않다
이미 때는 늦었다
아내에게 어디서부터 어떻게 말을 해야 하나
죄인처럼 가슴이 쿵! 무너져 내리고
아내의 성난 얼굴과 높은 톤의 목소리
생각만 해도 발걸음이 무겁다
등골이 오싹하다
빼도 박도 못하고 부딪히는 수밖에
아무리 생각해도 대안은 없다
"혼자 잘 먹고 잘 살라고 하는 것 아닌데".

북어가 끓이는 해장국

실컷 두들겨 맞고서야 기억을 게워낸다
방망이는 칼춤을 타듯
북어의 너덜거린 살점들을 발라낸다

지랄! 염병할 세상……
술이 덜 깬 남자의 문장이 되지 않는 욕설도
내리치는 방망이 끝에 맥없이 부서진다

갈 지자로 들어온 사람 뭐가 예쁘다고 해장국인가
지근지근 밟아주고 두들겨 주고 싶은 마음을
쓴 알약 삼키듯 밀어 넣자니 울화통이 터진다

다듬잇돌에 발기발기 찢겨 발라진 북어 살점들이
보글보글 끓어 넘치듯 목전까지 올라온 신트림
북어가 끓인 해장국에 체증을 말고 있다.

요양원에서

요양원 휴게실 한쪽 구석진 자리에
열심히 염주를 돌리며 주문을 외우듯

깡마른 체구에 기도하는 할머니 한 분
휠체어 밀어드려요? 말을 걸어도

들은 건지 못 들은 건지 열심히 기도를 한다
요양보호사가 휠체어를 밀자

잠깐만 더 있다 들어가면 안 돼요?
요양보호사에게 부탁하듯 공손하다

저녁 식사 시간이라 들어가야 한다며
휠체어 바퀴를 풀어 밀고 가는데

지나가는 복도를 쓱 한 번 훑어보던 할머니
무슨 주문을 외우는지 입술을 들썩이며

검버섯 낀 야윈 손으로 염주를 돌린다
구구장장 세월의 강을 건너온

할머니의 길을 짐작조차 못하지만
어떤 곡진한 사연이 있는지

그냥 눈물을 주르르 흘리며
요양원 천장만 슬픈 눈으로 바라본다.

전설의 섬

- 비비각시 섬

파도가 하나 둘 쓸어 모은
만조가 되어도 물 위에 모가지를 내민 모래섬
바람은 밀고 파도는 쓸어 올리고
게와 고둥이 갯벌을 기어 다니며
이상한 나라의 문자를 쓰는
그 섬에서
물이 든 줄 모르고 석화 캐던 새색시
어느덧 밀물에 잠겨 허우적거리며
모래섬에 올라 발만 동동 구르다가
기온이 내려간 밤이 새도록 칼바람에
정신을 잃지 않기 위해 언 몸에
체온을 올리려 비비고 또 비벼댔는지
온 몸이 바다처럼 파랗게 멍이 들어
죽음을 맞이하고 말았다 하여
그 이름도 슬픈 비비각시 섬
오늘은 파도만 흰 거품을 물고 몰려왔다
그날의 슬픈 사연 철썩철썩 파도가 전해주는
전설 속의 모래섬. 비비각시 섬.

깨어진 거울

빈집 담벼락 밑에 버려진 거울조각 하나
하늘도 깨지고 들여다보는 얼굴도 산산조각이다
젊은 날 거실 벽에 걸린 저 거울 앞에서
출근 전 넥타이를 맸을 것이고
시장갈 때 낭자머리 빗어 비녀를 꽂고
선보러 나간 누군가는 온갖 폼을 잡았을 것이다
추억할 수 있는 가족들의 모습
그런 세월들을 어디다 걸어두고
날카로움이 곤두서는 습관
마음이 찔린 것처럼 아파온다
깨지고 난도질당한 채
성한 게 없는 세상을 비추고 있다.

폐교

학교 운동장에 자전거 배우러가는 날
교문의 팔뚝 굵은 쇠사슬이 길을 막고 있다
교실 앞에서 긴 칼 찬 이순신 장군이
버티고 서서 검문을 하고 있다

아이들이 떠난 넓은 운동장엔
온 몸이 푸른 부족들이
세력을 넓히고 있다
살아 움직이던 시계탑은 심장이 멎어 있고

구령대를 지나 교실로 들어서니 깨진 유리창 사이로
도레미 파 솔 풍금소리, 시 읽는 소리 들릴 것만 같은데,
아이들이 번쩍 손을 들고
저요저요 하는 소리 들릴 것만 같은데,

아이들에게 글자를 가르치던 칠판은
얼굴에 하얀 분을 바른 채 입을 다물고 있다
화단엔 늙은 국화 몇 줄기 꽃망울을 피울 듯 말 듯
자리를 지켜내느라 힘에 겨워 빼빼한데

운동장 구석의 철봉, 그네, 시소
삐딱하게 허공에 등을 기대고 있고
제멋대로 자란 측백나무 울타리 사이
들고양이들만 분주하다.

목포 중앙시장

불 꺼진 간판들 달빛에 창백하다

시끄럽던 시장골목 무덤 속처럼 조용하고

골목에선 귀신이라도 나올 듯 머리끝이 섬뜩하다

인적 드문 승강장엔 버스도 멈추지 않고 지나치고

목포의 중심지였던 중앙시장을

애써 추억해 보지만

희미한 과거가 되어버렸다

한낮에도 찬바람만 쓸고 간다

유행에 휩쓸려 상권이 신도심 평화광장으로 옮겨갔다

언젠가 다시 활기를 찾을까.

수능생

조카가 수능 보고 돌아와
문제가 어려워 시험 망쳤다며
가방을 휙 던지며 하는 말
대학은 포기하고 취직 해야겠어요
집안공기 축 가라 앉히고 방문 꽝 닫는다

고3 내내 식구들 까치발로 고양이 걸음 걷고
하루에도 몇 번씩 찬바람 봄바람 번갈아 불어
식구들 눈치만 키우더니 요즘엔 말문을 닫아
문을 닫고 들어간 뻐꾸기시계처럼 답답하다

성적표 받던 날 그래도 점수가 웬만큼 나와
원하는 대학은 가게 되었다고
입가에 초승달이 뜨고 눈엔 반짝반짝 샛별이 떴다
고3 벼슬아치의 권력에 온 집안에 긴장이 돈다.

손두부 집

빨간 고무다라에 노란 콩들이
뽀글뽀글 물을 마시며
몸집을 통통하게 불리며
근육질 힘자랑을 한다

아저씨는 맷돌에 살찐 콩을 갈고
아주머니는 나무주걱으로
가마솥에 콩물을 저으신다

아궁이에 장작들은
이글이글 불꽃을 피워 올릴 때

가마솥에 노란 콩물이 주걱에 휘둘러
빙글빙글 쉴 새 없이 돌아가고

하늘의 보름달보다 큰 보름달이
가마솥에 둥글둥글 떠 있다.

뉴스 1번지

뭐가 바쁜지 머리 손질할 시간이 없다
오늘은 기어코 머리 손질하며 폼 내는 일이다
미장원 광고 등이 뱅글뱅글 돌아가자마자
먼저 온 사람들이 많은데
더러는 할 일 없어 놀러 나온 백수 단골이다
그 옛날 마을 공동우물터처럼
오늘의 뉴스 일번지 미장원은
언제나 따끈한 소식을 물어 온 여자가 있다
선거철이라 후보들 이야기가 메인이어서
은근슬쩍 표를 모으는 선거운동도 시작되는
텔레비전보다 신문보다 빠르게 이어지는 소식은
명퇴당한 남편이야기, 백수 자식이야기
이웃동네 혼사도 청첩장보다 먼저 나돈다
말수가 적은 미장원 원장의 가위손에서
수많은 머리카락이 뭉텅뭉텅 잘려나가면
먼저 온 여자의 머리엔 벌써 알록달록 꽃이 피고
수다쟁이 아주머니들 틈에서 순서를 기다리다 지친
한 남자가 지루한 듯 하품을 하다가 기지개를 켠다
철 지난 잡지를 뒤적뒤적거리던 아가씨들도
자리를 일어서며 일 좀 보고 올게요
들은 듯 못 들은 듯 앉아 있다가 소식하나 물고 나간다.

백 세 시대

유년의 기억과 현재의 기억은
자판을 두드리지 않아도 자동 딜리트 되지만
오래 전부터 기억의 창고가 고장났다
어쩌다 조각난 기억을 떠올리며
피난을 가야 한다고 베개를 업고
기억의 백색필름을 재생하느라 발버둥치면
불안한 가족들 불침번을 선다
어디어디 숨었니 꼭꼭 숨어라
몇 날을 자식들 파김치 만들어 놓고
슬그머니 바람 빠지는 타이어처럼
기억을 하나 둘 잃어 가는데
무병 백세가 무슨 의미가 있을까
유병의 백세는 본인도 가족도 고통일 뿐
백세는 희망인가 절망인가.

감기 걸린 숲

바람이 바늘 끝처럼 아픈 퇴근길
나무들이 날카로운 비명을 질러댄다
가지에선 탁음이 윙윙거리고
송곳날 같은 바람이 밤새 멈추지 않는 한
나무 가지의 기침은 멈추지 않을 것 같다
눕지도 못한 채 기침만 해대며 괴로워한다
산 나무들이 감기를 앓고 있다
옆에서 옆으로 감염이 되어
숲은 기침소리로 요란하다.

5

친정집

친정집

과속 안내도 무시한 채
장맛비를 뚫고 달려갔다

목적지를 눈치 챈 둔탁한 빗방울이
차 문을 두드리며 어디 가세요?

30평이 넘는 큰 집에 어머니 홀로 살고 계신다
방마다 외로움이 가득한데 추억을 담은 액자 속엔

올망졸망 씨감자 같은 눈망울들이 환하다
이웃도 없는데 월담불가라며 보초를 서고 있는 거미들

뒤란 댓잎 사부작사부작 부비는 소리
어머니 날숨처럼 오래도록 들었음 좋겠다.

큰집

시집갈 적에만 해도 마을에서 제일 눈에 띄는
반듯한 기와지붕에 통나무 기둥과 서까래
부모님과 칠 남매가 옹기종기 모여 살던 집,
이제 구순의 어머니 홀로 사신다

집 지은 지 반백 년이 지나
허물어진 사랑채 외양간에는
황소고집을 꺾던 코뚜레 하나 걸려있고
헛간엔 쟁기며, 양수기, 경운기, 가마니틀, 탈곡기,
새끼 꼬는 기계도 한 자리 차지하고
담벼락엔 닳아빠진 쇠스랑, 삽, 낫, 호미가 걸려있다

이사 올 때 심은 뒤뜰의 묵은 감나무
마중물을 부어 땅 속 깊은 시원한 물을 끌어올리던
수동 펌프가 녹을 뒤집어 쓴 채 무료하게 서 있다

처마 밑 서까래엔 거미들이 그물을 치고
현대식 주방으로 리모델링하면서 밀려나간
장독 옆 한편에 가족과 일꾼들의 밥을 삶아내던
가마솥이 깊은 잠 속에서 꿈을 꾼다.

첫사랑

시계태엽 감듯 가슴 깊이 쟁여둔
오래된 앨범 속의 흑백사진
일시 정지된 애틋하고 수줍은
추억 한 장
내밀한 비밀을
폭로라도 할 듯 힐끗 웃는다
먼지 낀 시간 속에서 뚜벅뚜벅 걸어 나올 듯
세월을 빠져나간 사연들만 무수히
밤하늘의 별처럼 반짝이며
내 가슴 속으로 유성처럼 떨어진다.

북어

어머니는 다듬잇돌에 북어를 눕히고
방망이로 사정없이 두들겨 팼다
시집살이 설움도 시어머니 잔소리
꿀꺽 삼켰던 울화통도
부스러지도록 두들겼다

피멍 하나 없이 보푸라기처럼 늘어지도록
두들겨 패는 날이면
고요한 새벽 곤장소리에 잠을 깨곤 했다

무 깍뚝 썰고 파 송송
아침 식탁에 맑은 해장국으로 올라왔다
간밤에 술 마신 아버지는 뜨건 국물 마시며
시원하다시며 속 풀고

공부하느라 밤을 새운 아들은 빈 속 채우고
명퇴 당한 삼촌도 한숨 후 불어 국물 식히며
고추장 먹은 속보다 쓰린 가슴
맑은 해장국으로 씻어내며 마음을 달랬다

어머니는 식구들의 시름을 풀기 위해
가끔씩 북어를 두들겨 팼다.

산 할머니 집

산 밑에 살고 있는 할머니 집에
엄마 심부름 가는 어린 손자
꼬불꼬불 오솔길 따라 언덕을 넘어
숨이 차서 잠깐
오리나무 열매와 놀다가
옹달샘에서 비단 개구리와 놀다가
날이 저물었는데
초승달이 빨리 가라 재촉을 한다
상수리, 알밤 주어다 멍석에 말려놓고
새우처럼 굽은 허리 눕히는 할머니
달빛 아래 동그란 상수리들 눈들 말똥말똥한데
할머니 몰래 예쁜 상수리 골라
주머니에 가득,
구슬치기 생각하니 참 재미있다.

지게

아버지는 평생 지게를 업고 다녔다
두 어깨가 움푹하고 목은 자라목이 되어
그 지게와 함께 가족을 먹이셨다

나무 두 그루가 만나 지게가 되었듯
지게와 아버지는 한 몸이 되었다

아버지의 일생을 간증하는
친정집 헛간에 팔 한 쪽을 깁스한 지게가
담벼락에 작대기와 나란히 기대어 있다

논밭에 거름을 퍼 나르고
보릿단 볏단을 등짐으로 날랐던
아버지의 분신이어서
등에 진 피멍자국

어머니가 우물에서 퍼 올린 찬물 바가지를
아버지의 등에 퍼부을 때면
어머니는 아버지가 업고 다닌 지게
아버지의 등뼈에는 마디마다 박혀있는 사리여서
참 빛나는 삶을 산 금슬 좋은 지게.

박꽃

박 넝쿨 길게 목을 늘이며
더듬이 손으로 울타리를 감고
살짝 이웃집으로 월담을 한다
시계가 없던 시절 밭 매러 간 엄니는
박꽃이 피면 호미를 씻고
저녁밥을 지으러 집으로 돌아와
울타리에 대롱거리는 솜털 뽀송한
연한 박 하나 뚝 따서
파란 껍질 벗기고 숭덩숭덩 썰어
손 빠르게 된장국, 박 초무침에
저녁 밥상을 차리셨다
여름밤 초가지붕에 하얀 박꽃이 피고
헛간에 농주가 익어가던 고향집
어둔 밤 하얀 등불을 켜 들고
박꽃은 박 각시나방을 기다린다
멀리 날아간 박 각시나방 그리워
해질녘부터 아침까지 잠 못 이루고
은하수는 은색실로 촘촘히 수를 놓고
하늘엔 보름달 담장엔 둥그런 박이 환한
내 고향집 여름밤.

새봄

다시 봄이 돌아 왔는데
코로나19는 거둘 줄 모르고
이름을 바꾼 오미크론,
더욱 세게 우리들의 생명과 생계를 위협하고
계절은 아무런 변함없이 새 옷을 갈아입고
앞산 솔밭에 부엉이 울음 산속을 헤매다
외로운 듯 마을로 내려온다
어머니의 재봉틀 바느질 실밥처럼 촘촘하게
밤을 새워 은하수는 은색실로 박음질하고
유성은 산 너머 고향집으로 떨어진다.

평촌 댁 설화

한 100여 년 전 강진고을에 만석꾼이 있었는데 칠 남매 중에 둘째로 태어난 어여쁜 아씨가 있었다네. 어찌나 정숙하고 지혜로운지. 아씨는 중매쟁이의 말을 믿고 선을 보았는데 잘생긴 도령의 모습에 그만 반하고 말았다네. 운명은 하늘이 정하는 법이어서 남자 하나 믿고 산골의 가난하고 남루한 집에 신방을 차렸다네.

잘생긴 얼굴값을 할 줄 모르는 남자는 평생 도박질 하는 건달이어서 어쩌나, 지아비인데. 먹여 살리느라 곱던 얼굴은 물론 물 한 번 만져 본 적 없는 아씨는 시골 아낙네가 되었다네. 오 남매 낳아 먹이고 입히고 가르치느라 하늘을 볼 새도 없이 허리를 구부리고 일에 매달려 살았다네. 갓 풀 먹여 다려놓은 모시 적삼처럼 빳빳하고 까칠한 성깔과 대쪽 같은 자존심을 죽이고 때로는 중매쟁이를 원망했다네. 뿌리 깊은 나무처럼 집안에 태풍이 불고 소낙비가 쏟아져도 흔들리지 않고 든든했다네. 오 남매의 버팀목이 되기 위해서 든든한 언덕이 되었다네. 이제 옛사람들은 모두 떠나고 번데기처럼 주름만 가득한 홀쭉한 몸매, 천하를 호령하던 대장부 같은 당찬 기개는 세월 속에 사라지고 더욱 깊어진 눈매로 나를 쳐다보시네. 엄마 큰딸 왔어요, 잉 우리큰딸 인자, 유독 오 남매 중 큰딸 이름만 기억하는 96세 되신 우리 어머니. 어린 고양이처럼 작아진 목소리, 가끔 정신 줄 놓는 모습이 영락없이 아기라네. 오늘도 거실 창문 앞에 앉아 내 자식들은 어디 가고 아직도 안 오나? 하루에도 몇 번씩 밥이나 굶고 다니지 않나? 수십 년 전으로 돌아가 자식들 걱정하는 우리 어머니 생각하면 눈물이 흐르는데, 오늘은 만석꾼 집 귀한 둘째 아씨는 어디 가고 호두알처럼 쭈그러진 더 늙을 수 없는 모습으로 먼 곳을 바라보시네. 수십 년 전 아득한 세월을 건너 곱디고운 얼굴을 가진 어린 아씨를 떠올리는가. 자식들 몰라보아도 괜찮으니 그저 오 남매 곁에 오래 사세요. 우리 어머니 평촌 댁.

할머니의 수동계산기

우리 할머니 계산기는 손가락 열 개에 발가락 열 개
스무 개가 100도 되고 1000도 된다
낫 놓고 기역자도 읽을 줄 모르는 까막눈이
셈 하나는 기똥차게 똑 떨어지게 잘 하신다

시골 부자 일 부자 밭 매고 베 놓아 베 짜고 길쌈하며
할아버지 살아생전엔 부엌에서 하루 종일 종종대며
종갓집 큰살림 맡아 일 년이면 다달이 조상님들 제사
명절에 모여드는 먼 친척 문중어르신들 끼니수발에

와글대는 4대 가족들 생일도 잊지 않고 꼭꼭 챙기며
할아버지 돌아가시자 밖에 일까지 도맡아
심신이 무거운 종가의 종부

장날에는 일 잘하는 어미 소가 낳은 수송아지 팔아
손자 학비 내고 동네 점방 밀린 외상값도 갚고
과수원 품꾼들 품삯까지 가리고 농사자금 종자 값 비료 값
제하고 대가족 생활비 계산하느라

오른손 왼손이 펴졌다 오므라졌다

오른손 올라가고 왼손 내려가고
두 손 두 발이 다 동원되고 한참을 폈다 오므린다
쥐엄쥐엄 하더니 고개를 끄덕끄덕하며 픽 웃으신다
수동 계산기의 계산이 잘 맞아떨어졌나보다.

빈집

바람만 드나드는 사람의 온기가 끊긴 집
말문이 막혀버린 돌담 옆에
기다리다 지친 나무 대문은 눕고
문고리는 녹이 슬어 잠들었네
우리 남매들의 유년의 흔적이
아직도 담벼락에 낙서가 남아있고
토방엔 짝 잃은 고무신 한 짝,
까맣게 그을린 엄마의 부엌은
불 꺼진 지 오래 썰렁하기만 하다
식구들의 옷을 말리던 빨랫줄은 끊어지고
삐딱한 바지랑대엔 어디서 날아왔는지
고추잠자리가 앉아 낮잠을 자고 있다
행주가 닳도록 닦던 반질반질하던 장독대
황사 비바람에 먼지만 수북하고
사금파리 조각들만 날을 세워 뒹군다
어디에서 왔는지
근본도 없는 잡초들이 무성한 마당에는
철 따라 꽃이 피고 벌 나비가 오는데
헛간에는 늙은 지게와 작대기가 나란히
금슬 좋은 부부처럼 등을 맞대고 서있다

오늘도 바람이 지나다가 안부를 물으면
관절 앓은 대문이 삐걱삐걱
빈집을 지키며 시끄럽게 울어댄다.

기다림

아들 셋 딸 둘, 오 남매 낳아 길러내신
우리 어머니의 늘어진 뚱배가
높은 계급장 같았는데
세월이 스쳐간 몸매가 빼빼 말라
번데기처럼 쪼글쪼글 종잇장처럼 가볍다
하루 종일 누군가를 기다리는
겨울 공원의 벤치 같은 어머니
긴 봄날 하루가 가고 땅거미 내리는 저녁 답
막 버스 떠나간 정류장에 눈길 내려놓고
어머니, 낯빛에 서운함이 묻어난다.

향기로운 부고

작년 봄에도 재작년에도
환하게, 눈부시게 곱던

향기로운 마음 천 리를 가더니
어찌된 일인지 시름시름 앓다가

봄이 되어도 잠에서 깨어나지 못하고
이별을 알리는 천리향

그의 일생은 향기로웠다.

구름을 만드는 남자

놀이공원에서 구름을 만드는 남자
많은 사람들이 지나가는 목 좋은 길목에
구름기계 하나 놓고 하루 종일 마술을 부린다
하늘엔 벌써 남자가 띄운 구름이 떠간다

병아리구름, 오리구름, 양떼구름, 방아 찧는 옥토끼구름
설탕 한 스푼에 색소 병아리 눈물만큼 넣고 녹여
슬슬 구름기계가 돌아가면 긴 막대를 빙빙 돌린다

누에고치에서 명주실 뽑히듯 달콤한 설탕 실이
부드럽게 막대를 감싸고 점점 풍선처럼 부푼다
엄마 손을 잡고 하늘에 오르고 싶은 아이
사랑하는 사람과 하늘을 날고 싶은 연인들

하늘을 날고 싶은 사람들이
하루 종일 구름기계 앞에 줄을 선다
얼굴만 한 구름 하나씩 손에 쥐면
솜사탕처럼 세상 모든 오해들이 사르르 녹아내리고

구겨진 마음도 달달해져 마음이 하늘을 난다

세상의 상처 부드럽게 안는다
해가 지고 사람들이 떠나간 길목에
하루치 피곤의 좌판을 거두는 구름 남자

두둑한 전대를 풀어내며 마음이 두둥실
가볍게 리어카를 끌고 자리를 뜨는데
서산을 넘는 태양빛에 하늘의 구름들이
황금색으로 변한다.

대한민국이 뿔났다

- 대선을 앞두고

대한민국이 뿔났다
촛불 든 국민들은 분노와 화병에 노출되어 있다
서민들 세금이 줄줄 새는 소리에
겨울 찬바람 쌩하니 돌아선다
AI 비상으로 계란은 품귀 현상, 쌀값은 폭락하고
수천만 마리 닭과 오리 생매장 당하고
물가는 상승하니 서민들 주머니 구멍난 지 오래다
동지섣달 설한풍을 내의와 솜이불로 맞서 보지만
몸보다 마음이 꽁꽁 얼어 춥고 떨린다
잘난 한량들 선거 때면 국민의 머슴이랍시고
손 내밀지만 주인 대접 받아 본 적 없다.
내가 잘났네. 네가 잘났네. 입씨름하는 사이
김영란 법에 홍역 앓은 농 · 수산물
불감증 걸린 정치인들 입은
어제 다르고 오늘 다르니
국민들 어느 장단에 놀아날꼬.
명예와 권력에 눈이 멀어 국민들 귀가 막혀
초목들도 어이없어 껄껄 혀끝만 차누나.
꼴불견들 사탕발림 문자 메시지

어김없이 폰에 전달, 전달, 전달
미세먼지 가득한 혼탁한 나쁜 세상
언제나 맑은 푸른 하늘을 볼 수 있으려나.

잔인한 4월

누가 그곳으로 내몰았나
누가 뱃머리를 돌리라 했나
성난 파도가 널름거리는 바닷길로
가자는 아이 가기 싫다는 아이
모두 못다 핀 꽃송이
캄캄한 바다 속에서
서로 손을 꼭 잡고 겁에 질려
기울어진 배 안에서
엄마 아빠 살려달라고 절규했지만
집에 돌아가고 싶다고 애원했지만
그 외침 듣지 못하고
하늘도 울고 바다도 울고
팽목항을 울렸건만
어른들은 저 살자고
어린 손을 뿌리쳤다
모두가 죄인이고 살인자이다
진도 앞바다는 성난 파도와 물안개
하늘은 먹구름 날마다 질척거리는 날
구조 작업도 힘이 들었다
어버이의 사랑과 따뜻함은

자식의 일이면 목숨도 아까울 게 없는데
배 안에서 움직이지 말라 해놓고
제 목숨 살자고 빠져 나왔을까
도저히 용서할 수 없는 일이지만
팽목항은 말이 없고
노란 리본만 슬픔의 힘으로 나부낄 뿐
지켜보던 사람도 떠나고
비바람도 멈추고
성난 파도도
아무 일 없었다는 듯 잠을 자는
잔인한 4월이여.

무한 리필

전국에 흩어져 사는 오 남매, 날 잡아 옹기종기 모여 김장하는 날 배추 200포기를 간하고 양념준비해서 비벼 담기까지 연사흘을 씻고 버무린다. 김장하는 날에는 보쌈이 빠질 수 없다. 김장김치에 푹 삶은 돼지고기 한 점 놓고 보쌈을 입이 터지게 먹는 잔칫날이다. 욕망으로 가득 찬 김치 통들이 줄을 길게 섰다. 작은 통부터 큰 통까지 배추 200포기가 통에 담겨진다. 사흘 동안 바글대던 식구들이 떠나고 우리 부부만 남겨졌다. 이젠 우리 김치 냉장고를 채워 넣을 50포기의 김장이 남았다. 설 지나고 봄부터 새 김장 전까지 김장을 해야 한다. 한두 달이 지나면, 엄마 우리 김치 떨어졌어요, 우리는 간장이요, 우리는 된장, 고추장이요, 우리는 쌀이요, 보내라는 신호다. 부모 것이니 평생 무한 리필 해가도 눈치 하는 사람 없다. 자식은 주고 싶은 도둑이다. 사는 동안 무한 리필 해줄 수 있는 해가 얼마나 남아있을지 모르지만 자식 먹이고 주는 보람으로 농사짓는데 올 때마다 지네들 목돈만 쓰고 간다. 값나간 것은 없어도 사랑과 정성으로 지은 농사, 차 트렁크에 실렸는데도 넣고 또 넣고 빈틈이 조금이라도 생기면 텃밭의 배추, 무를 뽑아 찔러 넣는다. 젊었을 적 친정에서 모든 것을 한 푼 내지 않고 무한 리필 해 온 양심 없는 도둑 같은 딸이었다. 오늘따라 솜씨 좋은 우리엄마 붕어찜, 입안에 침이 고이며 너무 먹고 싶다. 얼마나 더 살지 모르지만 자식들에게는 부모는 배추건 무건 쌀이건 '열려라 참깨' 주문을 외우면 무한 쏟아지는 전답이어서 살모사 어미처럼 제 몸을 뜯어 먹히고 싶은 화수분이다.

부활절

안개 자욱한 봄날 저녁
수만 개의 목련이 촛불을 켜는
그때 쯤이면 누군가의 제삿날이었는지
며칠째 입었던 하얀 소복을
발 밑에 벗어놓는다

누가 돌아가셨나
누가 살아왔나.

끝과 시작

해마다 연말이면
올 한해 다사다난했노라 후회하고
지나온 날을 되돌아본다
하루, 일주일, 한 달, 일 년 쉼표를 찍고
끄트머리가 있어 삶의 여백이 생기는데
좋은 사람들과 다독거리며
한 해를 돌아보며 한 잔
짠!
깨끗이 비워내고 액운도 함께 보내고
해돋이 바라보며 소원을 기원하는
또 한 잔 높이 들어 올리고
서로의 어깨를 내어주고 기대며
새 아침의 희망을 노래한다.

봄날의 호명

비 그치고 난 오후
햇살이 논둑길 밭둑길을 걸으며
잠자는 씨앗을 호명한다
냉이, 달래, 씀바귀, 민들레, 쑥, 곰보배추
이름을 부르자 씨앗들 병아리 노란 부리처럼
톡톡 흙을 뚫고 밖으로 얼굴을 내민다
이날을 얼마나 기다렸을까
입이 찢어지게 하품하는 땅들도 기지개를 켜고
살금살금 비둘기 언 발 녹이는 날
노란 개나리는 딸랑딸랑 종을 울리자
온 들판이 운동회가 시작되었다.

3월의 아침

3월의 봄은 어느새 농부의 밭을 건너오고
사람들보다 일찍 일어나 아침잠을 깨우는
제비 한 쌍 지저귀는 소리 소란스럽다

과수원 배나무 푸른 핏줄들은 물이 오르고
어젯밤 내린 봄비로 아침은 청명한데
겨울잠에서 깨어난 논밭엔

청보리 유채꽃이 봄바람에 흔들리는데
선잠 깬 개구리는 아직도 조는 듯
농부는 찬물에 밥 한 술 말아먹고
마음이 급해 삽 들고 들로 나간다

녹은 땅을 갈아엎고 상추씨도 뿌리고
고추 심을 밭에 비닐포장을 덮는다
천하의 식탁을 평정하고
내 가족 건강은 내가 지킨다.

봄이 지고 있다

안 보이던 게 보인다 해서 봄
내 눈에는 보이지 않는 봄이
언제 왔는지 벌써 지고 있다

가는 봄은 어찌나 잘 보이는지
벚꽃나무 밑에도 목련나무 그늘 아래도
철쭉나무 밑에도 수북하게 봄이 지고 있다

앞산의 뻐꾸기도 가는 봄이 보이는지
한나절을 목청 높여 울어대고
석류나무가 늦잠에 취해 충혈된 눈을 뜬 봄날

코로나19로 봄꽃놀이 한번 못 갔는데
속절없이 다시 올봄도 가고
온 산이 연둣빛에서 초록빛으로 변하고 있다

봄과 함께 코로나도 갔으면 좋으련만
거리두기가 미덕이어서 아득히 멀어진
부모 자식 간의 정과 사랑도 지고

사는 것이 깜깜한 터널속이다
지는 봄을 아쉬워한들 잡을 수도 없고
우리는 늙어가고 있는데

어디선가는 누군가가 태어나겠지
가는 봄을 보내는 것은 초록이 짙어가듯
누군가는 신록처럼 무성해진다는 계절

봄이 속절없이 지고 있다.

티눈

발가락과 발가락 사이에서
오래된 숙제처럼 걸리적거리는
티눈 하나
더 이상 참지 못할 한계에 왔다
외과병원 의사에게 발을 맡겼다
시간이 퇴적되어 바윗돌이 되어버린 티눈
외과 의사가 눈 하나 깜짝 않고 뿌리째 뽑아놓은
구멍 난 자리에 혈액이 고이고 통증이 온다
큰 덩치에 콩알만 한 혹 하나 잘라내고
온몸이 흔들리는데
거실 한쪽 화분의 부러진 꽃대
얼마나 아팠을까
끊어진 가지 옆에 새 눈을 내민다
티눈 빠진 자리가 아파온다.

모시 베 한 필

백수를 바라보는 친정어머니,
기억력이 형광등처럼 깜박 깜박 점멸한다
어머니의 일생이 담긴 작은 장롱을 정리하다
바닥에 엎드린 모시 베 한 필
마디가 누렇게 변한 어머니의 세월을 통째로 읽고 있다
아버지의 여름 옷 지어 입히시려고
모시 삼고 베틀에 정성을 들여 짜내신 모시 베 한 필
건달 남편 만나 채소전 싸전으로
이 장 저 장을 도는 어머니의 머리에는
늘 함지박과 곡물자루가 이어져 있고
등에는 막내 동생이 업혀 있던 모습이 떠오른다
무거운 가족의 생계를 짊어지고
뼛골 빠지게 사방팔방 뛰시던 어머니
나이 사십에 홀로되어 5남매 키워낸
장한 우리 어머니
끝내 옷 못 지어 입히시고 북쪽으로 보내신 아버지
꼭꼭 싸맨 모시 베 한필 반닫이 속에
아버지처럼 깊은 잠을 자고 있다.

|해설|

과수원의 일상성과 생명성 탐구 및 고향의 노래

-윤인자 시집 『시가 열리는 과수원』

강 경 호
(시인, 문학평론가)

1.

시인은 끊임없이 "시란 무엇인가?"를 질문하며 시를 쓴다. 시는 삶의 정서를 형상화하는 장르이므로 시가 삶의 본질에 대한 탐구임은 분명하다. 그러나 사람마다 생각이 다르고, 세계를 바라보는 관점이 다르다. 그러므로 시의 정의 또한 다를 수 있다.

어떤 시인은 매번 시집을 펴낸 후, 어떻게 하면 이전 작품과 변별성을 가질 수 있을까 고민한다. 고민 끝에, 시의 형식과 내용은 시인이 어떠한 삶을 살아가느냐에 따라 달라진다는 결론을 얻었다고 한다. 이러한 생각은 순전히 그의 생각일 뿐, 시인마다 시에 대한 생각은 다를 수밖에 없다고 생각한다.

인간의 삶은 우주적 관점에서 극히 찰나의 시공간을

스치는 것이다. 그러나 순간적인 삶을 시에 담아내면서도 영원성을 추구한다. 생의 근원과 본질을 통해 더욱 인간다운 무엇을 생각할 수밖에 없다. 그럴 일은 없지만, 만약 인간이 영원을 사는 존재라면 영원성과 생의 근원, 그리고 생의 본질을 추구하지 않아도 될 것이다. 극히 짧은 순간을 살기 때문에 그것들을 생각하는 것이다.

앞에서 밝혔듯이 인간마다 살아가는 방식이 다르고 세계를 바라보는 관점이 다르기 때문에 시 또한 그 내용과 형식이 달라질 수밖에 없다. 그렇지만 M.H.에이브럼스의 모방적 관점, 효용적 관점, 표현적 관점, 구조적 관점 등으로 분류해 논하는 것이 통례이다. 모방론과 효용론이 동서를 막론하고 전통적인 시의 정의라면, 표현론적 관점과 구조적 관점은 현대적 논의의 시의 정의이다.

현대시의 관점에서 현대라는 시공간적 개념과 현대성이라는 가치개념을 구분해서 논할 때, 현대시의 정의에 대한 '오류의 역사'를 논의의 평면으로 옮길 수 있을 것이다. 이는 인간의 영혼을 추출 · 표현한 시에 대해 제 나름의 시각과 방법론의 차이가 있으므로 시의 본질을 해명하는 과정에서 다양성을 띨 수밖에 없다. 시는 언제나 새로운 인식을 보여야 하고, 참신한 형식이어야 한다. 그것이 시의 특성이다. 이것은 개인마다 삶의 양태가 다르기 때문이며, 시가 예술의 영역에 속한 까닭이다.

윤인자 시인의 경우 압해도라는 섬에서 살고 있으며, 과수원 농사를 짓고 있기 때문에 거기에서 일어나는 다양한 정서를 시 속에 담아낼 것이며, 당연히 생명성에 대한 관심을 드러낼 것이다. 이는 그의 시가 그의 현실을 담아내기 때문이다. 그리고 이번 시집에서는 점차 삶의 연륜이 지극해져 삶의 터전에서 생성되는 다양한 일상의 정서가 그에게 시를 쓰게 하였을 것이 분명하다. 그리고 시인의 세계관을 통해 모순되고 부조리한 세계의 그늘을 담아내는 것 또한 당연하다. 시인의 눈에 비친 굴절된 세계에 대한 불만이 시인의 내면을 움직였기 때문이다. 또한 때묻지 않고 순수한 시공간이었던 유년과 고향에 대한 정서를 통해서 정화되고 싶은 마음에 시인이 고향을 그리워하는 것 또한 당연하다. 물론 시인이 그리워하는 고향은 옛 고향이 아니라 시인의 마음속 깊은 곳에 간직된 까마득한 과거의 고향이지만, 시인의 가슴 가장 밑바닥에 남아 그곳을 그리워하게 했을 것이다. 시인이 바라보는 오늘의 고향을 그리워하고 향수하기도 할 것이다. 그러나 시인이 바라보는 오늘의 고향은 유년의 고향이 아니다. 그래서 더욱 고향을 안타까워하고 애틋하게 생각하는 정서의 표출을 보여준다.

이번 시집 『시가 열리는 과수원』은 형식적인 측면에서 불필요한 말이 사라지고 더욱 언어가 정제되어 시의 주제가 선명해졌다는 점에서 윤인자 시문학에 하나의 이정표를 세운 일이 될 것이다. '형식이 내용을 좌우한다'는 말처럼 그의 시를 형상화하는 방법적인 측면에서 언어를 허투르게 사용하지 않은 점은 그의 삶은 물론, 그의 시적 위상이 커다랗게 높아진 점을 들 수 있는데, 그가 그동안 얼마나 절차탁마했는지를 보여주고 있어 반갑다.

2.

윤인자 시인의 삶에서 과수원은 그의 생활의 터전이다. 집 곁에 있는 배나무 과수원에서 가지치기하고 퇴비를 주고 실한 과실을 위해 꽃을 따주고, 잡초를 뽑아주고, 농약을 치고 과일을 생산하고……. 수많은 일들이 그의 일과이다. 과수원은 그의 일터이자 놀이터라고 할 수 있다. 시인에 의하면 배 농사를 지어 자식들을 가르치고 가족의 생계를 이어왔으니 그의 삶에서 과수원은 큰 비중을 차지하는 곳이다.

"과수원에서 일하다가 사다리에서 떨어져" 손을 삐끗 접질리기도 하고, 배나무만 자라는 과수원 한켠에 "낯선 나무 한 그루"인 고욤나무가 자라는 것을 보고 그의 정체를 궁금해하기도 한다(「고욤나무」). 뿐만 아니라 겨울 눈을 맞고 있는 과수원을 바라보면 하얀 드레스를 입은 "젊은 날이 보인다"(「과수원에서」) "인근 과수원에 배꽃이 팝콘처럼 톡톡 터지"는 날엔 "묵정밭에 무엇을 심어야하나" 고민하는 농부의 시상이 잘 나타나 있다(「묵정밭」). 「시가 열리는 과수원」은 배 농사만 짓는 것이 아니어서 시인답게 시화전을 열기도 한다.

작년 봄, 과수원 펜스에서의 시화전
행사가 끝나고 방치된 시화(詩畫)가 바람에 찢겨져
공중에서 한바탕 돌다가
배나무 밭에 처박혀 있을 때
회오리바람 한 자락에 폴짝 뛰어
배나무에 목을 매고 허수아비 되어
고개를 갸우뚱, 춤을 춘다
과수원 옆 플라타너스에 세 들어 사는
까치 한 쌍이 묵은 집을 보수하느라 분주한 아침,
삭정이 나무 가지를 물어 나르며
연장도 없이 부리와 발로 뚝딱뚝딱
자르고 부치고 다시 허물며
온종일 오르락내리락 바쁘다
배나무에 걸린 시화전 헝겊 조각
입으로 물고 발로 잡고 쭉 찢어 물고 올라가
이리저리 걸쳤다 깔았다 야단법석인데
커튼을 치는지 방석을 만드는지 분주하다
금방 새 가족이 생기려나보다
시가 까치집이 되고 시가 열리는 배과수원
까치들 소식이 궁금하다

-「시가 열리는 과수원」 전문

알다시피 서정시는 '정서의 감흥'이 일었을 때의 시인의 감정을 언어로 형상화한 문학 갈래이다. 어떤 대상을 만나거나 보았을 때, 시인은 시를 쓰고자 하는 욕망을 갖는다. 그러므로 서정시를 말할 때 '정서의 산물'이라고 하는 것이다. 이 작품 역시 시인의 시적 자아가 과수원 펜스에서 시화전을 한 후, 해를 넘긴 뒤 시화를 펜스에 그대로 방치하여 바람에 찢겨 흩날리다가 과수원에 처박혀 있는 모습을 보며 어떤 시적 감흥을 갖게 되었을 것이다. 여기에서 시화는 유리 액자가 아닌 천으로 된 것이어서 햇빛에 삭고 바람에 찢겼을 것이다. 시적 자아가 살펴보니 찢어진 시화를 까치 한 쌍이 봄을 맞아 집을 단장하는데 건축 재료로 사용한다. 이 대목에서 시적 자아는 시가 까치집이 되기도 한다는 생각에 마음이 뿌듯했을 것이 분명하다. 시제에서 보듯 '시가 열리는 과수원'이라고 한 것은 찢어진 시화, 실은 헝겊 조각이 바람에 이리저리 날려다니다가 "배나무 밭에 처박"히기도 하고, "배나무에 목을 매고 허수아비 되"기도 하기 때문에 시적 자아는 시가 배나무에서 열릴 것이라는 상상을 한다. 이 작품에 활기가 도는 것은 시적 묘사에서 온다. 바람에 휘날리는 시화의 동세를 아주 섬세하게 잘 그렸다. 또한 "연장도 없이 부리와 발로 뚝딱뚝딱/ 자르고 부치고 허무"는 까치의 움직임을 실감나게 묘사했기 때문이다. 봄이 되어 까치가 새 가족을 맞기 위해 분주하게 움직이는 것과 "시가 까치집이 되고 시가 열리는 배 과수원/ 까치들 소식이 궁금"한 것에서 생명력이 넘쳐나고 있다.

살펴본 것처럼 시인의 상상력은 시가 까치집이 되고 배나무에 시가 열린다는 생각에까지 이르른다. 시적 대상에 대한 건강한 시선을 갖는 시인의 상상력을 읽어낼 수 있어 즐겁다.

「과수원에서」는 '간벌'이라는 부제가 붙어있다. 과수원에서 밀식된 배나무를 베어내는 감정을 노래하였다.

배나무 그루터기 톱날에 베어져
힘없이 땅바닥에 드러눕는다
남은 밑동 언저리에 운지버섯 층층이
꽃송이처럼 활짝 피어있다

밀식 재배로 욕심껏 촘촘히 심었다가
자라면서 가지가 서로 엉겨, 솎아내니
여기저기 나뒹구는 땔감들
칼바람에 동상 들고 태풍에 팔이 부러지면서도
주렁주렁 열매를 맺어
자식들 먹이고 입히고 대학까지 가르쳤다

땡볕에 데고 까치에게 물어 뜯겨도
묵묵히 가장 노릇을 다했는데
이제 쓸모없다고 톱날을 들이대자
마지막 땔감으로 제 몸까지 내놓는다.

-「과수원에서」 전문

시를 통해 시인이 말하고자 하는 메시지는 다양하다. 배나무를 촘촘히 심은 것은 많은 수확을 생각한 욕망 때문이다. 그러나 나무들이 "자라면서 가지가 서로 엉겨" 솟아내게 된다. 욕심이 화를 부른 셈이다. 그러는 동안 과수원의 배나무는 가족의 삶을 위해 많은 것을 주었다. 그럼에도 "땡볕에 데고 까치에게 물어 뜯겨도/ 묵묵히 가장 노릇을 다했는데/ 이제 쓸모 없다고 톱날을 들이대자/ 마지막 땔감으로 제 몸까지 내놓는다." 아낌없이 자신의 모든 것을 사람에게 준 것이다. 이것을 깨달은 시적 자아는 이 작품에서는 드러내지는 않지만, 자신의 모든 것을 내놓는 '배나무의 헌신적인 배려'에 감동했을 것이다. 시인은 바로 이것을 시를 통해 말하고 싶었을 것이다. 안도현의 시 「너에게 묻는다」처럼 "연탄재 함부로 발로/ 차지 마라/ 너는 누구에게/ 한 번이라도 뜨거운/ 사람이었느냐"는 메시지처럼 윤인자 시인의 시적 자아는 스스로를 바라보게 된다. 집안의 살림을 보태고 마지막에는 자기 몸조차 헌신하는 배나무의 희생정신을 시적 메시지로 독자들에게 전하고자 하는 것이다. 이 작품에서 보았듯이 인간은 "이제 쓸모 없다고 톱날을 들이대"는 아주 이기적인 존재임을 시적 자아는 스스로 밝히는 것도 자기 성찰을 위해 스스럼없이 시를 통해 노래하고 있음도 우리는 눈여겨보아야 한다.

3.

윤인자 시인이 지금껏 펴낸 세 권의 시집에서 공통으로 관심을 보인 작품세계는 생태학적 상상력을 보여주는 시들이다. '생명성'은 인간뿐만 아니라 모든 생명체의 근원이다. 특히 시골에 사는 그이고 보면 당연한 일일 수 있다. 날마다 만나는 자연과 농촌 깊숙이 파고든 산업폐기물, 그리고 주변 가까이서 생활하는 고양이와 개들의 삶의 모습에서 생명의 본질을 발견할 수 있는 위치에 있다.

겨울날 미처 따지 못한 늙은 호박이 또다른 생명을 잉태한 것(「호박 1」)이나, 바람난 백구가 앞동네 메리라는 애인집에서 지내다가 집에 돌아와 낮잠을 자는 원초적 본능과 생명성을 보여주는 작품(「바람난 백구」), 나무와 나무 사이에 거미줄을 쳐놓고 생존을 위해 곤충을 잡아먹는 먹이사슬(「각시거미」), 가뭄 끝에 내리는 단비에 과수원 나무들과 숲들이 깨어나는 생명활동(「단비」), 텃밭에서 개미 떼가 일사불란하게 파종한 씨앗들을 물고 개미집을 향하는 생명 활동(「개미 떼」) 등을 형상화했다. 이들 작품은 때로는 인간의 관점과 배치되는 활동을 하지만 생명의 근원적인 측면에서는 충분히 이해되는 대목이다. 자연과 인간의 진정한 교감과 공생을 위해서 인간 중심적인 근대관을 벗어나야 한다.

> 옥상에 마을이 생겼다
> 쓰레기장에서 주워온 유효기간이 지난
> 비닐포대, 페트병, 스티로폼, 깨진 화분, 이 나간 그릇
> 모두가 야채들의 집이 되었다
>
> 토마토, 가지, 오이, 상추, 치커리, 고추, 블루베리

뿌리 깊은 푸른 족속들이
낮에는 해와 바람 나비와 벌들이 놀다가 가고
밤에는 별과 달이 침묵으로 지켜준다

찢기고 상처받고 천대받고 버림받은
이런 저런 이유로 쓸모없어진 쓰레기들이
하나 둘 모여 뿌리 깊은 가문의 자제들을 받들며
옥상 아래 백성들의 식탁을 풍성하게 한다.

-「쓰레기에 꽃이 피다」 전문

「쓰레기에 꽃이 피다」는 오늘날 교환적 가치로서의 자연이 인간에 의해 어떻게 쓰레기가 되고, 그 쓰레기를 딛고 생명을 피워내는 식물들의 강인한 생명성이 눈물나게 한다. 옥상에 마을이 생겼는데, 옥상은 쓰레기장이어서 비닐포대, 페트병, 스티로폼, 깨진 화분, 이 나간 그릇 등의 무덤이라고 할 수 있다. 그런데 그곳에서 토마토, 가지, 오이, 상추, 치커리, 고추, 블루베리 등이 뿌리를 내리고 자라고 있다. 인간의 운명이 아무리 진화해도 자연은 곧 그것들을 자연화시킨다. 앙코르와트가 한때는 번성한 제국의 사원이었지만, 서서히 문명의 흔적을 지우고 자연으로 회귀하고 있는 것이 대표적이다. 옥상에 버려진 쓰레기들은 한때 인간의 욕망을 채워주던 소비재들이었다가 결국은 쓰레기가 되었지만 "이런 저런 이유로 쓸모 없어진 쓰레기들이/ 하나 둘 모여 뿌리 깊은 가문의 자제들을 받들며/ 옥상 아래 백성들의 식탁을 풍성하게 한다." 이 작품에서는 인간의 일방적인 쓰레기 소비가 자행되지만, 자연은 그것을 다시 자연으로 회복시키는 힘을 보여준다. 이 작품을 통해 시적 자아는 인간의 탐욕과 자연의 치유력을 노래하며 성찰의 노래를 부름으로써 인간의 자성(自省)을 강조하고 있다.

「고양이들」은 에로티시즘의 극치를 보여주고 있다. 그러므로 시적 중심에는 비록 동물이지만 성애(性愛)를 통해 생명성에 천착하고 있다.

초저녁부터 마당에서
눈에 불을 파랗게 켠
발정 난 암고양이 앙큼하게
몰래 수고양이 불러들인다

마당 한 귀퉁이에 매어둔
진돗개, 이빨을 세우고 짖어도
꼼짝없이 그저 눈 먼 사랑 타령,
주인도 버리고 집을 뛰쳐나와

애간장을 태우며 희열의 울음 운다
이후로 우리 마당엔
수고양이 떼 득실거리고
쫓고 쫓기는 사랑전쟁 벌인다.

-「고양이들」 전문

"발정난 암고양이 앙큼하게/ 몰래 수고양이 불러들인다". "진돗개, 이빨을 세우고 짖어도/ 꼼짝없이 그저 눈먼 사랑 타령"이다. 인간은 본능을 자제할 수 있는 이성(理性)이 있지만, 발정난 동물은 본능에 충실할 뿐, 이성을 지닐 수 없는 존재이다. 고양이들의 사랑 놀음에 진돗개가 아무리 짖어도 막지 못한다. "이후로 우리 마당엔/ 수고양이 떼가 득실거리고/ 쫓고 쫓기는 사랑전쟁을 벌이"는 것은 자연의 섭리로 지극히 자연스러운 현상이다. 이러한 모습이 인간의 눈에는 동물적이고 야만적으로 보일 수 있지만 본래 수컷들은 자신의 유전자를 남기기 위해 목숨을 건 사랑싸움을 한다. 그리고 이러한 행위를 통해 자연이 수많은 세월 동안 멸종하지 않고 생명의 고리가 이어져 왔음을 이해해야 한다.

미당 서정주의 「화사(花蛇)」에서 시적 자아는 "우리 순네는 스물난 색시, 고양이 같이 고운 입술…… 스며라 배암"이라며 관능과 생명력이 고조된 스무 살 '순네'의 고운 입술을 뱀의 입술로 인식하고, 종래에는 '순네'가 뱀이 되어 화자의 몸속으로 스며들기를 바라고 있다.

윤인자 시인의 시에서는 미당 서정주의 「화사(花蛇)」만큼의 관능미와는 결이 다른 자연의 순리에 움직이는 생명성을 노래하고 있다.

4.

서정시는 현실을 반영한다. 이 오래된 명제는 수천 년

이 지났어도 여전히 유효하다. 결과적으로 서정시는 인간의 삶을 살피는 예술 갈래이다. 인간의 실존을 빼놓고 서정시를 쓴다는 것은 공허하다. 설사 인간이 아닌 다른 사물이나 존재를 시로 형상화했다고 해도 그 작품의 메시지는 인간을 향해야 한다. 즉 인간이 아닌 다른 존재에 대해 작품화했더라도 그것을 비유하거나 환치하여 인간의 삶을 노래하는 것이 서정시의 본질이다. 그러다 보니 어떤 형태든 시인의 삶이 노출될 수밖에 없다. 시인의 삶과 체험을 형상화했으니 독자들에게 시인의 삶과 세계관이 노출 안 될 수 없다. 윤인자 시인의 이번 시집에서도 그가 압해도라는 섬에서 살고 있으며 과수원을 경영하고 있다는 것이 시를 통해 드러난 것은 당연하다. 그러므로 서정시는 자신의 일상을 시로 노출하지 않을 수 없는 것이다.

윤인자 시인은 이제 초로의 삶을 살고 있다. 자신의 생업에 몰두하다가도 가끔 친구나 이웃들과 만나 우정을 나누는 여유를 갖기도 한다. 인간의 삶은 늘 행복한 것이 아니어서 때로는 마음이 불편할 때가 있다. 그래서 인간의 삶을 생로병사(生老病死)라고 하지 않았던가. 이 시집에서도 윤인자 시인의 그러한 모습을 내비치고 있다.

오랜만에 칼질이나 합시다

청춘들이 옹기종기 모여 앉은 레스토랑에
나이든 여인네들 넷이 둘러앉았다
음식을 주문하고 나오기도 전에 수다로 한 상을 차린다

주문한 음식을 비우고
빈 접시에 수다 한 상이 다시 차려진다
세상 일 한 접시 남편 말 한 접시 자녀 자랑 한 접시
시어머니와 시동생 흉은 몇 접시나 차렸을까

동글동글 계란프라이 톡 터진 반숙처럼 물렁하다
빈 접시에서 풍선처럼 부푼 말들이 펑펑 터진다

포크로 찌르고 칼로 잘게 다지고 얼마나 차렸을까
점심시간 내내 차리고 걷고 또 차린 수다
커피로 입가심을 하고서야 일어서는 늦은 오후.

-「수다를 차리다」 전문

「수다를 차리다」에서는 "나이든 여인네들 넷이" 레스토랑에 앉아 수다를 떤다. 손님들 눈치를 보지 않고 "주문한 음식을 비우고/ 빈 접시에 수다 한 상이 다시 차려진다" 다시 차려진 상에는 "세상 일 한 접시 남편 말 한 접시 자녀 자랑 한 접시/ 시어머니와 시동생 흉은 몇 접시"도 말반찬으로 하소연하기도 하고 그것을 즐긴다. 포크와 칼은 레스토랑에서 음식 먹을 때 사용하는 도구이지만, 다시 상에 오른 남편과 시가 쪽 사람들을 "포크로 찌르고 칼로 잘게 다지"며 "점심시간 내내 차리고 걷

고 또 차린 수다"이다. 이러한 행위는 시적자아의 감정 배설 역할을 하고 있다는 측면에서 지극히 인간적이고 긍정적인 면을 보여준다. 그리고 마지막 의식으로 어쩌면 흉을 보느라 더렵혀진 입을 씻기 위해 "커피로 입가심을 하고서야 일어서는 늦은 오후"이다.

수다를 통해 한나절을 보낸 여인들의 일상을 정겹게 보여준 작품이다. 그들이 시가 쪽 흉을 보았다고 해서 죄를 지은 것은 아니다. 그저 답답한 일상의 평화로운 정경을 펼쳤을 뿐이다. 그런 측면에서 이 작품은 생의 활력소 역할을 한다고 할 수 있다.

다음 작품은 레스토랑은 아니지만, 집안에서 커피를 끓이며 느끼는 시인의 삶에 대한 소회를 드러낸 시이다.

커피를 끓이며 문득 생각한다
커피처럼 나의 열정도 뜨거웠다
지금은 시간을 허비하는 백수가 되었다

커피처럼 팔팔 끓던 나의 열정도,
꿈도, 추억의 그리움도
잔에 담긴 뜨거운 커피에 타서
함께 마셔버렸다

맛있게 끓인 커피도 식으면 버림을 당한다
식어버린 나의 열정 또한 어디에 버려졌을까
커피를 마시며 씁쓰레한 웃음이 난다.

-「커피같은」 전문

초로에 이른 시적 자아가 "커피를 끓이며 문득 생각한다" 끓인 커피는 뜨겁기 마련이다. 시적 자아 역시 젊은 날에는 "커피처럼 나의 열정도 뜨거웠다"고 고백한다. 그러나 현재 시적 자아는 "시간을 허비하는 백수가 되었다" 인간은 존재가치를 잃게 되면 삶에 대한 열정이 식기 마련이다. 그래서 젊은 시절 열심히 가족을 위해 일하던 삶도 퇴직하게 되면 집안에서 걸리적거리는 존재가 되고 만다. 그런 까닭에 많은 사람이 우울증을 앓게 되고 삶의 의욕을 잃어버리는 경우가 많다. 농경사회에서는 퇴직이라는 것이 없어 늙어서도 농사를 지은 까닭에 이러한 병증이 없었다. 그러나 오늘날 산업 · 자본 · 문명사회에서는 은퇴 후 존재감을 잃어버린 사람들이 극단적인 선택을 하는 등 우리 사회에 많은 후유증을 낳고 있다.

시적 자아의 고백처럼 백수가 된 지금은 "커피처럼 팔팔 끓던 나의 열정도/ 꿈도, 추억의 그리움도/ 잔에 담긴 뜨거운 커피에 타서/ 함께 마"신다. 이때의 시적 자아의 몹시도 허전하고 나약한 자신의 모습과 마주하였을 것이다. 그러면서 "맛있게 끓인 커피도 식으면 버림을 당한다"며 열정을 잃으면 가치 없는 인간이 되고 만다는 것을 인식하기에 이른다. 그런 까닭에 "식어버린 나의 열정 또한 어디에 버려졌을까"하고 자신에게 되묻는다. 젊음이 지나가는 동안 열정이 식어가는 것이 세상 이치이지만 시적 자아는 그런 자신을 아쉬워한다. 그러므로 "커피를 마시며 씁쓰레한 웃음이 난다"고 고백한다. 그러나 씁쓰레한 웃음은 패배자의 씁쓸함이라고 보기보다는 어쩔 수 없는 생로병사의 섭리 안에서 이해해야 할 것이다.

5.

'서정시는 현실을 반영한다'는 명제는 그것이 어떤 사건이건 정서적인 감정표현이건 인간사회의 모순과 부조리를 고발하고 비판하는 역할을 수행한다. 고 송수권 시인이 『아도』라는 시집을 펴내기 직전 최루탄이 난무하는 거리에서 어느 시인에게 '시인은 귀를 막고 밀실에 들어가서 시를 써야 하는가? 아니면 거리에 나가 최루탄 속에서 시를 써야 하는가?'라는 질문을 한 적이 있다고 한다. 송수권 시인의 『아도』는 1980년대 우리나라 왜곡된 정치현실에 대해 비판한 시집이다. 정답을 알고 있으면서도 후배 시인에게 이러한 질문을 한 것은 아마 군사독재 정부에 저항하며 시를 써야 한다는 자신의 의지를 드러낸 독백이라고 생각한다.

오늘날 대한민국은 광주민중항쟁을 비롯한 수많은 시민의 민주항쟁을 통해 군사독재국가에서 벗어나 민주국가로 일신한 대단한 역사를 가진 나라이다. 그만큼 우리 시민의 주인의식은 최고 수준에 이르렀다. 그러나 우리나라 곳곳을 자세히 들여다보면 여전히 소외되고 중심으로부터 이탈된 사람들이 많음을 시인들은 직시하고 있다.

「귀촌」에서는 도시에서 현장 잡부로 살아가면서 노숙자 생활을 했다는 사람은 귀촌하여 "외딴 바닷가 소금창고/ 허름한 집에서 등 붙이고 산다" "낙지를 잡는"데 "공치는 날도 있"지만, "사람들에게 정을 배"우면 "제법 철"이 들어간다. 그리고 마침내 염부 티도 나고 "우리 동네 사람이 되어간다". 도시에서 살 수 없어 귀촌한 사람을 통해 우리사회의 어두운 단면을 드러낸다. 「깨어진 거울」에서는 "빈집 담벼락 밑에 버려진 거울 조각 하나"에 비친 세상을 바라본다. 한때는 거울 앞에서 넥타이를 맸을 것이고, 낭자머리 비녀를 꽂기도 하였을 것이다. 그런데 폐가처럼 망가진 거울이 "깨치고 난도질당한 채/ 성한 게 없는 세상을 비추고 있"는 모습에서 우리 사회의 어두운 부분을 비춰준다. 「폐교」에서는 "아이들이 떠난 넓은 운동장"에 잡초들이 가득하고 "시계탑은 심장이 멎어있고" 아이들이 사용하던 "철봉, 그네, 시소"가 그대로 있는데, "들고양이들만 분주"한 학문의 장이 아닌 불모지로 바뀌어 있음을 시인은 탄식한다.

부조리한 현실을 보다 구체적으로 그려낸 「팔려가는 사람들」은 노동자들의 불안한 삶을 반영하고 있다.

> 이른 새벽
> 쫓기듯 아침을 말아 먹고
> 서둘러 인력시장 대기실에 도착
> 드럼통에 타오른 불길에 언 마음 녹이며
> 눈치를 살핀다

오늘도 부름받기를 기다리는
불안한 눈빛들이 애처롭다
봉고차가 멈추고 반장의 부름으로
선택된 사람들
논두렁 밭두렁을 가로질러
알 수 없는 미래처럼 흙먼지 속을 달린다
무슨 일을 하는지 몰라도
오늘은 안도의 숨을 돌리고
일당 십만 원에 팔려가는
그의 손에 달린
가족의 생계가 아슬하다

-「팔려가는 사람들」 전문

"이른 새벽/ 쫓기듯 아침을 말아먹고/ 서둘러 인력시장 대기실에 도착/ 드럼통에 타오른 불길에 언 마음 녹이며/ 눈치를 살"피는 그들은 우리 주변에서 흔히 보아온 풍경들이다. 새벽부터 탄탄한 근육과 다부진 표정으로 '나를 사가세요'하고 자신을 상품으로 내놓은 인력시장의 노동자들의 삶은 비정하고 비인간적이다. 누군가는 이러한 모습을 자본주의에서는 당연한 것이라고 말할지 모르겠지만, "오늘도 부름받기를 기다리는/ 불안한 눈빛들이 애처롭다" 물론 이러한 상황으로 내몬 책임이 자신이기는 하지만 불안한 노동시장과 우리사회의 근간이 건강하지 않기 때문에 생긴 모습이다. "봉고차가 멈추고 반장의 부름으로/ 선택된 사람들/ 논두렁 밭두렁을 가로질러/ 알 수 없는 미래처럼 흙먼지 속을 달린다" 이른바 팔려간 사람들은 일단 안도감을 쉬지만 불안한 미래처럼 오늘 자신이 무슨 일을 할지 알 수 없다. 날마다 날마다 아슬한 가족의 생계가 불안한 삶을 안고 살아가는 우리 사회의 한 단면이기는 하지만, 본질적으로 자본주의라는 시스템이 안고 있는 구조적인 문제로부터 기인한다. 고용안정이 불안하여 우리 사회, 경제 분야가 안정적이지 못하다는 증거이기 때문이다.

「포장마차」 또한 안정된 삶을 살아가는 사람들의 것이 아니다.

어둠이 공원벤치에 드러눕는다
가로수들 바람에 어깨춤을 추고
아파트 공사장 앞 건너 쪽
참새방앗간 포장마차에 불이 켜지고
주인은 부지런히 좌판을 벌인다
손님은 없고 조용하기만 한 포장마차
기다리다 지쳐 주인은 연신 하품을 한다
별들이 한 잔 생각나 막걸리 통에 빠지고
밤새 마셔도 눈은 초롱초롱 취하지 않는다
난롯가 양은 주전자 열이 올라 한숨만 푸푸
어느새 스멀스멀 새벽이 다가온다
별들도 돌아가고 공치는
긴 밤이 스르르 담을 넘는다.

-「포장마차」 전문

서정시란 가능한 우리 사회로부터 소외되고 외면받고 있는 사람들의 마음을 위로해주고 위무해줄 책임과 의무가 있다. 잘 먹고 잘 사는 상류층의 일상의 즐거움을 시로 형상화하는 일은 단언컨대 아무런 의미가 없다. 보다 인간답게 살아가고 싶은 마음, 중심으로부터 이탈된 사람들을 위한 예술 장르가 서정시라고 믿고 있기 때문이다.

'포장마차'를 하는 사람들은 대부분 삶의 궁지에 몰린 사람들이다. 삶의 가장 변방에 몰려 더 이상 갈 데가 없는 사람들이 선택하는 경우가 많다. "아파트 공사장 앞 건너쪽/ 참새방앗간 포장마차에 불이 켜지고/ 주인은 부지런히 좌판을 벌인다". 자신의 삶의 현장에서 일을 시작하기 위해 준비하지만 "손님은 없고 조용하기만" 하다. "기다리다 지쳐 주인은 연신 하품을 한다". 손님이 많아야 흥이 나고 하품할 새도 없을 텐데, 오히려 "난롯가 양은 주전자 열이 올라 한숨만 푸푸" 내쉰다. 그러는 동안 새벽이 되어 퇴근할 시간이 되어간다.

오늘도 공치는 날이 되고 말았다. 약속한 삶의 현장이다. 이러한 삶을 살아가는 사람들이 우리 주변에는 참으로 많다. 아직도 모든 사람이 생활 걱정하지 않고 살아가는 세상은 아득하기만 한가? 유토피아를 꿈꾸는 시인들의 소망은 영영 이루어지지 않을 것인가. 답답한 현실은 계속되고 시인은 또다시 우리 사회의 절벽에 서서 아래를 내려다보아야 하는가.

6.

윤인자 시인의 초기 시부터 지금까지 여전한 관심은 고향에 대한 그리움이다. 결혼으로 떠나온 고향집을 찾아간 소회를 통해 지난 날을 회고하고, 아버지가 쓰시던 고향집 헛간에 걸린 지게를 바라보는 마음이 옛 생각에 빠지게 한다. 그리고 다듬잇돌에 북어를 두들겨 시어머니의 시집살이에서 비롯된 불화를 삭히는 모습도 떠올린다. 또한 시인은 자식을 낳아 양육한 어머니의 희생성을 소개한다. 그리고 백수가 다 된 친정어머니가 짜 놓은 베 한 필을 발견하고 어머니의 희생과 헌신적인 일생을 회고한다. 그리고 이제는 아무도 살지 않는 고향집에 와 옛 생각에 젖은 시인의 모습도 보여준다. 이러한 작품을 통해 윤인자 시인은 회상에 젖고 그리움의 정서만을 드러내는 것이 아니라, 시간의 흐름 속에 변하지 않는 것은 아무것도 없다는 것을 인식하며, 유년의 고향을 회억하며 그 시절의 티 없이 맑은 순수함으로 세상에서 찌든 삶을 정화하기도 한다.

바람만 드나드는 사람의 온기가 끊긴 집
말문이 막혀버린 돌담 옆에
기다리다 지친 나무 대문은 늙고
문고리는 녹이 슬어 잠들었네
우리 남매들의 유년의 흔적이
아직도 담벼락에 낙서가 남아있고
토방엔 짝 잃은 고무신 한 짝,

까맣게 그을린 엄마의 부엌은
불 꺼진지 오래 썰렁하기만 하다
식구들의 옷을 말리던 빨랫줄은 끊어지고
삐딱한 바지랑대엔 어디서 날아왔는지
고추잠자리가 앉아 낮잠을 자고 있다
행주가 닳도록 닦던 반질반질하던 장독대
황사 비바람에 먼지만 수북하고
사금파리 조각들만 날을 세워 뒹군다
어디에서 왔는지
근본도 없는 잡초들이 무성한 마당에는
철 따라 꽃이 피고 벌 나비가 오는데
헛간에는 늙은 지게와 작대기가 나란히
금슬 좋은 부부처럼 등을 맞대고 서있다
오늘도 바람이 지나다가 안부를 물으면
관절 앓은 대문이 삐걱삐걱
빈집을 지키며 시끄럽게 울어댄다.

-「빈집」 전문

오늘날 도시 집중화 현상으로 농촌에 빈집들이 늘어가고 있는 추세이다. 한때는 농업에 종사하던 사람들이 80%에 이르렀지만, 요즘 귀농, 귀촌한다지만 노인들만 지키는 고향이 되어버리고 말았다. 시인의 유년 시절 마을을 떠들썩하게 했던 아이들은 도시로 떠나가고 늙은 부모님들은 세상을 떠나고, 한때는 청년이었던 사람들도 늙어 농촌 마을은 그야말로 피폐해지고 있는 것이 우리의 현실이다. 윤인자 시인이 유년을 보낸 고향집도 이제는 "바람만 드나드는 사람의 온기가 끊긴 집"이 되고 말았다. 그뿐만인가. "대문은 낡고/ 문고리는 녹이 슬어" 있다. "우리 남매들의 유년의 흔적이/ 아직도 담벼락에 낙서가 남아" 그 시절을 희미하게 떠오르게 할 뿐이다. "토방엔 짝 잃은 고무신 한 짝" 나머지 한 짝은 어디로 갔을까. 사람이 살았던 흔적을 그대로 보여주는 "까맣게 그을린 엄마의 부엌은/ 불 꺼진지 오래 썰렁하기만 하다" 빨래를 널어 놓았던 "빨랫줄은 끊어지고/ 삐딱한 바지랑대엔" "고추잠자리가 앉아" 있다. 이밖에도 폐가의 모습을 말해주는 "장독대/ 황사 비바람에 먼지만 수북하고/ 사금파리 조각들만 날을 세워 뒹군다" 사람의 손길과 온기가 끊긴 옛집 마당에는 잡초들만 무성한 것이 오늘의 모습이다. 따지고 보면 인간의 손길이 끊긴 흔적은 자연스럽게 자연으로 돌아가는 것이 자연의 섭리이다. 그럼에도 불구하고 한때 함께 살았던 가족들이 저세상으로 가고 대처로 자신의 삶을 따라 떠나버린 옛집의 폐가가 된 모습은 오늘 우리의 현실이다. 그러나 인간의 감정은 자신이 태어나고 자란 옛집이 폐허가 된 것을 보며 회한에 젖지 않을 수 없다. 지나간 시간이 원망스러울 수도 있지만, 이렇게 사는 것이 인간의 삶이다.

이렇듯 옛집에 와서 회한에 젖은 시인의 시적 자아는 헛간에서 아버지의 지게를 발견하고 상념에 젖는다.

아버지는 평생 지게를 업고 다녔다
두 어깨가 움푹하고 목은 자라목이 되어
그 지게와 함께 가족을 먹이셨다

나무 두 그루가 만나 지게가 되었듯
지게와 아버지는 한 몸이 되었다

아버지의 일생을 간증하는
친정집 헛간에 팔 한 쪽을 깁스한 지게가
담벼락에 작대기와 나란히 기대어 있다

논밭에 거름을 펴 나르고
보릿단 볏단을 등짐으로 날랐던
아버지의 분신이어서
등에 진 피멍자국

어머니가 우물에서 퍼 올린 찬물 바가지를
아버지의 등에 퍼부을 때면
어머니는 아버지가 업고 다닌 지게
아버지의 등뼈에는 마디마다 박혀있는 사리여서
참 빛나는 삶을 산 금슬 좋은 지게.

-「지게」 전문

주지하다시피 농경민족인 우리에게 '지게'는 생활의 필수품이었다. 농사지은 곡식을 나르고 집에서 기르는 가축들의 꼴을 베어 짊어지고 올 때 사용하는 유용한

도구이다. “친정집 헛간에 팔 한쪽을 깁스한 지게가/ 담벼락에 나란히 기대어 있”는 모습을 보고 많은 생각이 머리에 스친다. “논밭에 거름을 퍼 나르고/ 보릿단 볏단을 등짐으로 날랐던/ 아버지의 분신이어서/ 등에 진 피멍자국”. 등에 지고 다니던 아버지의 지게는 아버지의 분신 같은 것이어서 시적 자아는 지게와 아버지를 동일시한다. 그런 까닭에 지게 한쪽에 깁스를 한 모습에서 고통을 느꼈으리라. 지게가 짊어진 무게가 고스란히 아버지의 등과 몸에 전해져 아버지는 깁스한 지게처럼 등이 성할 날이 없었음을 이제야 깨닫는 것이다. 지게로 등짐을 지고 집에 돌아오신 아버지를 “어머니가 우물에서 퍼 올린 찬물 바가지를/ 아버지의 등에 퍼부을 때면/ 어머니는 아버지가 업고 다닌 지게”와 같은 것이었으니 “아버지의 등뼈에는 마디마다 박혀있는 사리여서/ 참 빛나는 삶을 산 금슬 좋은 지게”라는 인식에 이른다. “어머니는 아버지가 업고 다닌 지게”라고 말하는 시적 자아의 인식 속에서 아버지와 어머니의 금실 좋은 사랑을 발견하는 시인의 시력이 놀랍다. 결과적으로 지게는 아버지와 같은 존재로 아버지와 동일시하고 있지만, 아버지와 어머니의 사랑을 이어주는 하나의 도구가 아닌 사랑의 매개체로 승화시키고 있는 시인의 시적 상상력이 아름답다.

윤인자 시집

시가 열리는 과수원

2022년 8월 10일 인쇄
2022년 8월 15일 발행

지은이 | 윤 인 자
펴낸이 | 강 경 호
인쇄·기획 | 도서출판 시와사람
등 록 | 1994년 6월 10일 제 05-01-0155호
주 소 | 광주시 동구 양림로119번길 21-1(학동)
전 화 | (062)224-5319
팩 스 | (062)225-5319
E-mail | jcapoet@hanmail.net

ISBN 978-89-5665-635-9 03810

값 10,000원

· 이 책은 2022년도 전남문화예술재단 지역문화예술육성지원사업의 지원으로 발간되었습니다.

공급처 ■ 한국출판협동조합
경기도 파주시 탄현면 오금로 30
주문전화 (02)716-5616, 070-7119-1740